दूसरा संशोधित संस्करण

राजव्यवस्था

Capsule

Handwritten Notes

SSC | रेलवे | पुलिस | NDA | CDS | CAPF
शिक्षक भर्ती | राज्य PCS | अन्य सभी

मैरिट बूस्टर नोट्स
स्कोर करें $\frac{100}{100}$ आसानी से

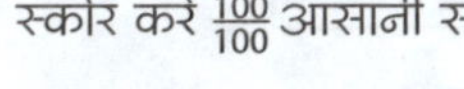

Toppers & Educators द्वारा तैयार
अब पढ़ें वही जो **Exam** में आयेगा

Time Saving एवं Revision के लिए आसान
अब **Exam** हॉल में कुछ नहीं भूलोगे

Multiple Material की अब जरुरत नहीं
एक ही **Book** में मिलेंगे एग्जाम फैक्टस

अरिहन्त पब्लिकेशन्स (इण्डिया) लिमिटेड

© प्रकाशक

पुस्तक में प्रकाशित किसी भी सूचना की सत्यता के प्रति तथा इससे होने वाली किसी भी क्षति के लिए प्रकाशक, सम्पादक, लेखक अथवा मुद्रक जिम्मेदार नहीं हैं। *सभी प्रतिवादों का न्यायिक क्षेत्र 'मेरठ' होगा।*

वाणिज्यिक कार्यालय
'रामछाया' 4577/15, दरिया गंज, नई दिल्ली– 110002
फोन: 011-47630600, 43518550

मुख्य कार्यालय
कालिन्दी, टी०पी० नगर, मेरठ (यूपी)–250002
फोन: 0121-2401479, 2512970, 4004199

शाखा कार्यालय
आगरा, अहमदाबाद, बरेली, बंगलुरु, चेन्नई, दिल्ली, गुवाहाटी, हैदराबाद, जयपुर, जालन्धर, झाँसी, कोलकाता, लखनऊ, नागपुर, मेरठ तथा पुणे

मूल्य : ₹ 95.00

PO No. : TXT-59-T071558-6-26

'अरिहन्त' की पुस्तकों के बारे में अधिक जानकारी के लिए हमारी वेबसाइट www.arihantbooks.com पर लॉग इन करें या info@arihantbooks.com पर सम्पर्क करें।

Follow us on

राजव्यवस्था

चित्र एवं इन्फोग्राफिक्स

सटीक फैक्ट्स

महत्वपूर्ण वाद:

- **बेरूबारी संघवाद:** भारतीय राज्यक्षेत्र अन्य देश को
  - └ संविधान संशोधन आवश्यक
  - उदाहरण- 100 वां संशोधन – भारत-बांग्लादेश भूमि हस्तांतरण (2015)
- **1969, सुप्रीम कोर्ट** – भारत व अन्य देश के बीच सीमा विवाद
  - └ संशोधन आवश्यक नहीं (कार्यपालिका द्वारा)

एग्जाम हॉल Demand

संविधान की प्रस्तावना से सम्बन्धित प्रमुख वाद

- **बेरूबारी वाद (1960)**
  - संविधान का अंग (✗)
  - संशोधनीय (✗)
- **सज्जन सिंह केस (1964)**
  - पूर्व निर्णय पर पुनर्विचार का सुझाव
- **गोलकनाथ वाद (1967)**
  - संविधान की मूल आत्मा, शाश्वत व गैर-वाद योग्य
- **केशवानंद भारती वाद (1973)**
  - संविधान का अंग (✓)
  - संशोधन संभव, परन्तु मूल ढाँचे में नहीं
- **एस. आर. बोम्मई 1994**
  - अभिन्न अंग
- **LIC बनाम भारत संघ (1995)**
  - अभिन्न अंग (✓)
  - न्यायालय में सीधे लागू (✗)

मैमोरी बूस्टर्स

Trick — केन्द्र-राज्य समकक्ष अनुच्छेद (+89 Rule)

केन्द्र		राज्य
प्रधानमंत्री (74)	+89 →	मुख्यमंत्री (163)
राष्ट्रपति क्षमादान (72)	+89 →	राज्यपाल क्षमादान (161)
महान्यायवादी (76)	+89 →	महाधिवक्ता (165)
संसद (79)	+89 →	विधानमंडल (168)
राज्यसभा (80)	+89 →	विधानपरिषद (169)
लोकसभा (81)	+89 →	विधानसभा (170)

चैप्टर List

नोट्स

01 भारत का संवैधानिक विकास

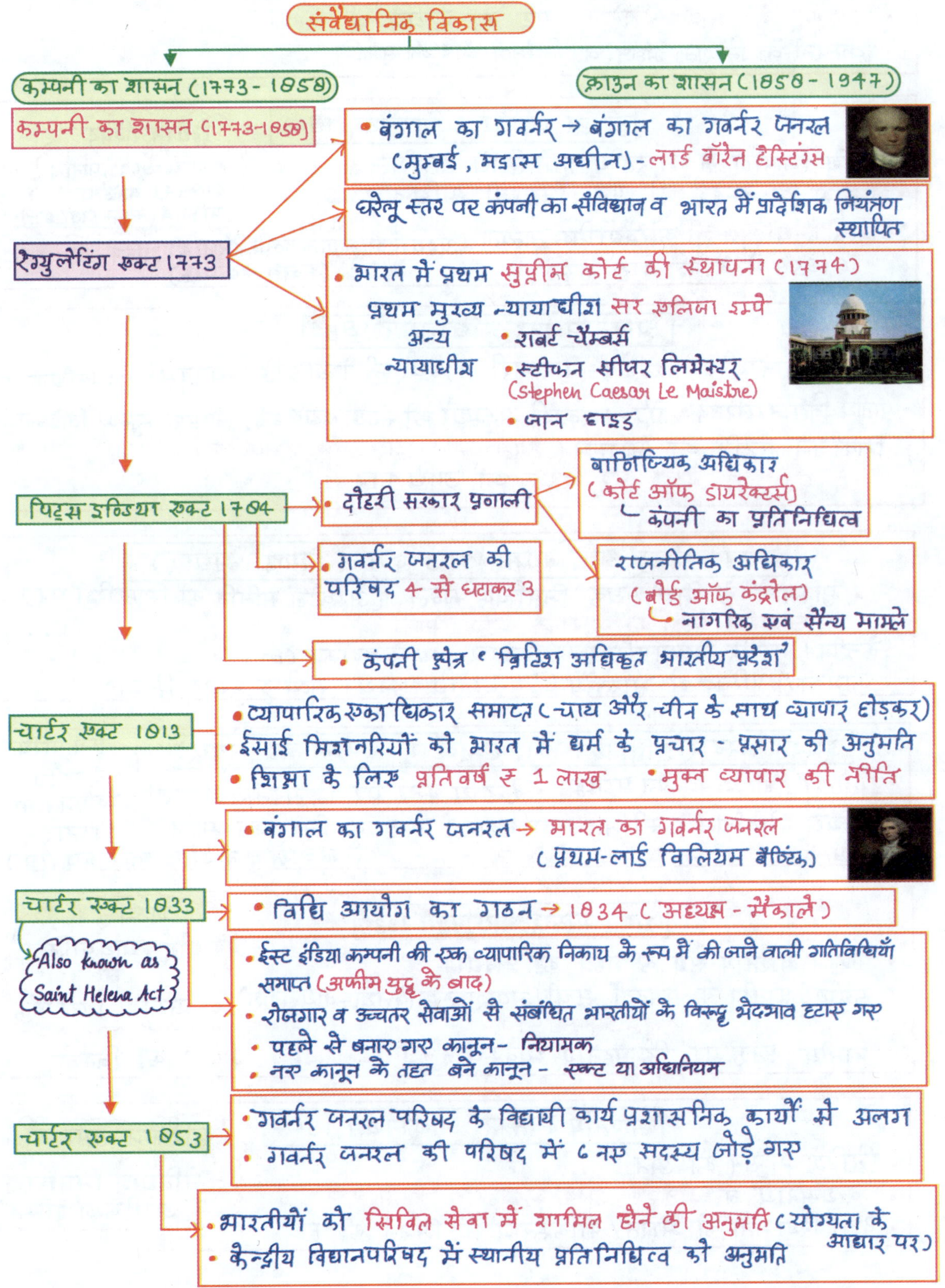

क्राउन का शासन

भारत शासन अधिनियम 1858

- शासन ब्रिटिश ताज के अधीन (ईस्ट इंडिया कम्पनी का शासन समाप्त)
- भारत का गवर्नर जनरल → भारत का वायसराय (प्रथम - लार्ड कैनिंग)
- भारत के राज्य सचिव' पद का सृजन
- कम्पनी के निदेशक मंडल व नियंत्रण बोर्ड की समाप्ति

भारत परिषद अधिनियम 1861

- विधि निर्माण में भारतीय प्रतिनिधि शामिल
- मद्रास व बम्बई को पुनः विधायी अधिकार
- पोर्टफोलियो प्रणाली को वैधानिक मान्यता (1859 में कैनिंग द्वारा शुरू)
- अध्यादेश (आपातकाल के दौरान) की शक्ति - वायसराय (अवधि - 6 माह)

- विधान परिषद → बंगाल (1862), पंजाब (1897) व उत्तर पश्चिमी प्रान्त (1886)

भारत परिषद अधिनियम 1892

- केन्द्रीय विधान परिषद → गैर-सरकारी सदस्यों की संख्या वृद्धि (न्यूनतम - 10, अधिकतम - 16)
- प्रांतीय विधान परिषदें → गैर-सरकारी सदस्यों की संख्या बढ़ाई गई, जो प्रांत अनुसार विभिन्न
- निर्वाचन पद्धति का आरम्भ (प्रत्यक्ष चुनाव नहीं, अप्रत्यक्ष नामांकन)
- प्रश्न पूछने व बजट पर बहस का अधिकार

भारत परिषद अधिनियम 1909 (मार्ले मिण्टो सुधार)

- मुस्लिमों के लिए पृथक निर्वाचक मंडल (अरूण्डेल समिति की सिफारिश पर)
- साम्प्रदायिक निर्वाचन के जनक - लार्ड मिण्टो
- केन्द्रीय / प्रान्तीय विधानपरिषद का विस्तार (16 से बढ़ाकर 60)
- कार्यकारी परिषद में भारतीय (प्रथम विधि सदस्य - सत्येन्द्र प्रसाद सिन्हा)

भारत सरकार अधिनियम 1919 (मॉण्टेग्यू - चैम्सफोर्ड सुधार)

- प्रांतों में द्वैध शासन का प्रारम्भ
- केन्द्रीय स्तर पर द्विसदनीय प्रणाली → राज्य परिषद, केन्द्रीय विधानसभा
- प्रत्यक्ष निर्वाचन (सीमित मताधिकार) व पृथक निर्वाचक मंडल का विस्तार (सिख भारतीय व ईसाई आंग्ल भारतीय)
- प्रांतीय बजट केन्द्रीय बजट से पृथक

भारत सरकार अधिनियम 1935

- अखिल भारतीय संघ के गठन का प्रावधान
- संघीय, प्रांतीय व समवर्ती सूची (अवशिष्ट शक्तियाँ - वायसराय) (कुल अनुसूची - 10)
- प्रांतीय स्तर पर द्विसदनीय व्यवस्था
- पृथक निर्वाचक मण्डल का विस्तार

- गठन → संघीय न्यायपालिका व भारतीय रिजर्व बैंक

भारतीय स्वतंत्रता अधिनियम 1947

- ब्रिटिश शासन का अंत
- वायसराय व सेक्रेटरी ऑफ स्टेट पद → समाप्त
- देशी रियासतों को भारत / पाकिस्तान में मिलने की छूट

- संविधान सभा को → संविधान निर्माण व अंगीकरण शक्ति

02 संविधान निर्माण

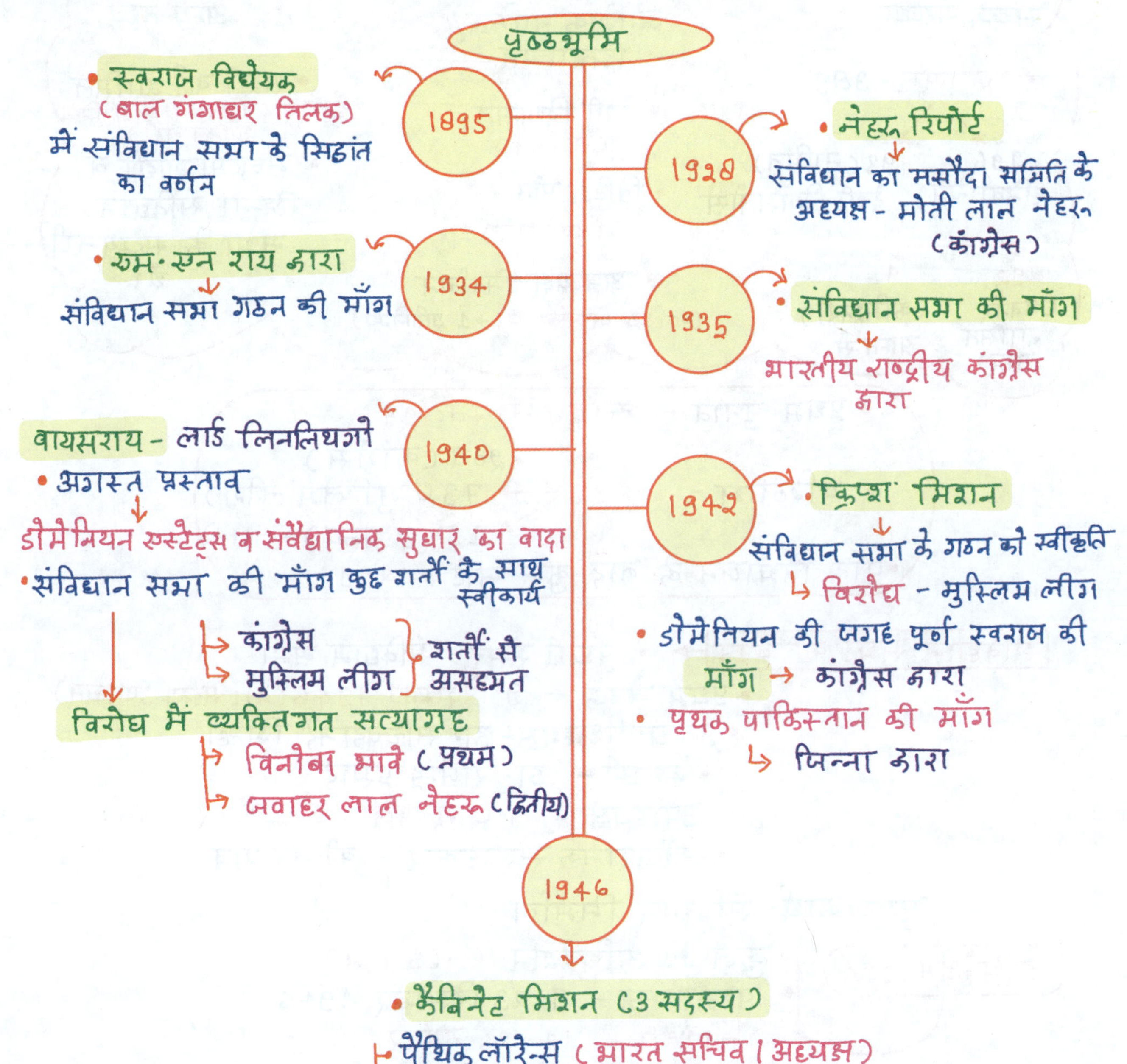

- **कैबिनेट मिशन (3 सदस्य)**
  - पैथिक लॉरेन्स (भारत सचिव । अध्यक्ष)
  - स्टेफोर्ड क्रिप्स (व्यापार बोर्ड)
  - ए.वी. अलेक्जेंडर (नौसेना बोर्ड)
- **संविधान सभा का गठन**
- कांग्रेस व मुस्लिम लीग द्वारा स्वीकृति
- पृथक पाकिस्तान का प्रस्ताव - अस्वीकृत
- मुस्लिम लीग की साम्प्रदायिक निर्वाचन की माँग - स्वीकृत

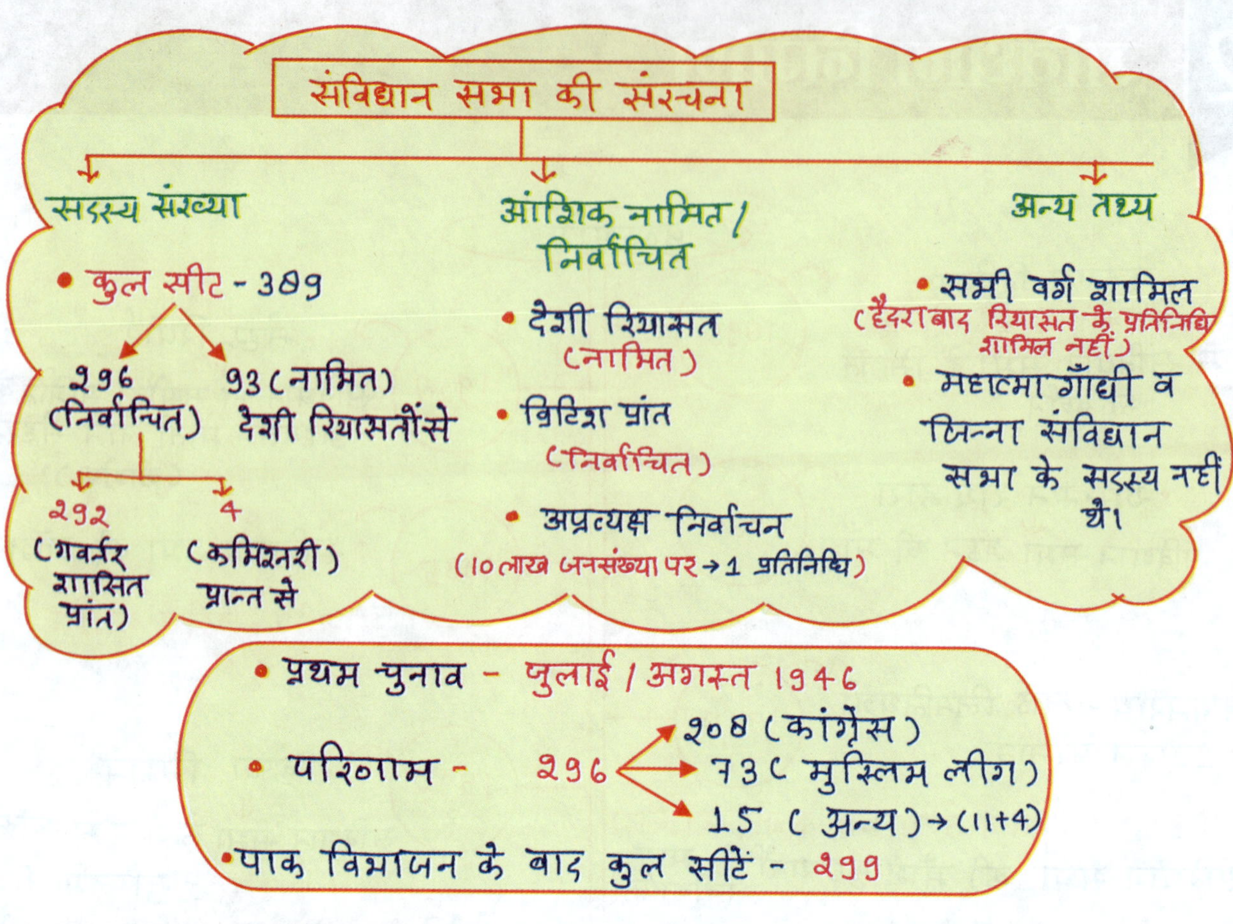

संविधान सभा की बैठक → • पहली संसद - संविधान सभा

- प्रथम बैठक - 9 दिसम्बर 1946 (211 सदस्य उपस्थित)
- अस्थायी अध्यक्ष - डा. सच्चिदानंद सिन्हा
- स्थायी - डा. राजेन्द्र प्रसाद
- उपाध्यक्ष - H.C मुखर्जी (हरेन्द्र कौमार मुखर्जी)
- संवैधानिक सलाहकार - बी.एन. राव

मुख्य कार्य - संविधान निर्माण

अधिवेशन / सत्र

- कुल 11 अधिवेशन (165 दिन)
- पहला सत्र - 9-23 दिसम्बर 1946
  - 11th - 14-26 नवंबर 1949
- प्रेस व जनता को भाग लेने की आजादी
- कुल समय - 2 वर्ष 11 माह 18 दिन
- कुल खर्च - लगभग 64 लाख रुपये

कुल महिला सदस्य - 15 • सुचेता कृपलानी (प्रथम महिला CM - UP)
• सरोजिनी नायडू (प्रथम राज्यपाल (U.P) • अमृत कौर (प्रथम केन्द्रीय स्वास्थ्य मंत्री)

प्रमुख समितियाँ: बड़ी / मुख्य - 8, लघु समितियाँ - 13

समिति	अध्यक्ष
• प्रारूप	बी आर अम्बेडकर
• कार्य संचालन	के. एम. मुंशी
• संघ शक्ति	जवाहरलाल नेहरू
• प्रान्तीय शक्ति	वल्लभ भाई पटेल
• झंडा समिति	राजेन्द्र प्रसाद
• अल्पसंख्यक उप-समिति	एच. सी. मुखर्जी
• सदन	पट्टाभि सीतारमैया
• वित्त / स्टाफ	राजेन्द्र प्रसाद

प्रारूप समिति - 7 सदस्य

1 - बी. आर. अम्बेडकर
└ भारतीय संविधान के जनक
2 - कृष्णास्वामी अय्यर
3 - एन. गोपाल स्वामी आयंगर
4 - सादुल्लाह खान
5 - बी. एल. मित्र (इस्तीफा / स्वास्थ्य) N माधवराव
6 - डी. पी. खेतान (इस्तीफा / मृत्यु) टी. टी. कृष्णामचारी
7 - के. एम मुंशी

संविधान सभा के अन्य कार्य

- राष्ट्र ध्वज अंगीकृत - 22 जुलाई, 1947 • डिजाइनर - पिंगली वेंकैया
- राष्ट्र गीत / राष्ट्र गान → स्वीकार - 24 जनवरी, 1950
  - └ राजेन्द्र प्रसाद प्रथम राष्ट्रपति
  - └ 284 सदस्यों का संविधान पर हस्ताक्षर
- राष्ट्रमंडल सदस्यता (कॉमनवेल्थ) का सत्यापन - मई, 1949
- अंतिम ड्राफ्ट - 4 नवंबर, 1948 (बी. आर. अम्बेडकर)
- संविधान अंगीकृत - 26 नवंबर, 1949
  - └ संविधान दिवस
- लागू - 26 जनवरी, 1950
  - └ लाहौर अधिवेशन (1929) - पूर्ण स्वराज दिवस
    - └ (26 जनवरी, 1930)
- संविधान सभा का प्रतीक चिन्ह - हाथी

अन्य योगदान: मूल संविधान सुलेखाकार - प्रेम बिहारी नारायण रायजादा (अंग्रेजी)
- वसंत कृष्ण वैद्य (हिन्दी संस्करण)

• सजावट - नंदलाल बोस व ब्योहार राममनोहर सिन्हा

प्रथम अंतरिम मंत्रिमंडल (1946)		
• जवाहर लाल नेहरू - कार्यकारी परिषद उपाध्यक्ष, विदेशी मामले		
• वल्लभ भाई पटेल - गृह सूचना एवं प्रसारण	शिक्षा	सी. राजगोपालाचारी
• बलदेव सिंह - रक्षा	संचार	अब्दुल रब निश्तार
• जगजीवन राम - श्रम	विधि	जोगेन्द्र नाथ मंडल
• लियाकत अली - वित्त	खाद्य एवं कृषि	राजेन्द्र प्रसाद
• गजनफर अली - स्वास्थ्य	व्यापार	आई. आई. चुंदरीगर
• आसफ अली - रेलवे	उद्योग एवं आपूर्ति	जॉन मथाई

03 संविधान की प्रस्तावना एवं विशेषताएँ

प्रस्तावना
- → संविधान का परिचय/भूमिका → संविधान के सार तत्वों का उल्लेख (आदर्श, उद्देश्य, स्वरूप, स्रोत, तिथि)
- → विचार - अमेरिकी संविधान
- → भाषा - ऑस्ट्रेलिया के संविधान से
- → प्रेरणा - उद्देश्य प्रस्ताव (नेहरू द्वारा - 13 दिसम्बर 1946)
- → संविधान सभा द्वारा स्वीकृति - 22 जनवरी, 1947

भारत का संविधान

उद्देशिका

हम, भारत के लोग, भारत को एक संपूर्ण प्रभुत्व-संपन्न, **समाजवादी, पंथ-निरपेक्ष,** लोकतंत्रात्मक गणराज्य बनाने के लिए तथा उसके समस्त नागरिकों को:

सामाजिक, आर्थिक और राजनैतिक **न्याय,**

विचार, अभिव्यक्ति, विश्वास, धर्म और उपासना की **स्वतंत्रता,**

प्रतिष्ठा और अवसर की **समता**

प्राप्त कराने के लिए,

तथा उन सब में व्यक्ति की गरिमा और **राष्ट्र की एकता और अखंडता** सुनिश्चित करने वाली बंधुता बढ़ाने के लिए

दृढ़संकल्प होकर अपनी इस संविधान सभा में आज तारीख 26 नवंबर, 1949 (मिति मार्गशीर्ष शुक्ला सप्तमी, संवत् दो हजार छह विक्रमी) को एतद्द्वारा **इस संविधान को अंगीकृत, अधिनियमित और आत्मार्पित करते हैं।**

- गैर-वाद योग्य (Non-Justiciable)
- केवल एक बार संशोधन - 42वाँ संशोधन 1976
  समाजवादी, पंथनिरपेक्ष, अखंडता शब्द जोड़े गए।
- प्रस्तावना → न सरकार की शक्ति / न ही बाधा

विशेषज्ञों के विचार

- संविधान की कुंजी - अर्नेस्ट बार्कर
- दीर्घ कालिक सपनों का विचार - कृष्णास्वामी अय्यर
- संविधान का ID कार्ड (परिचय पत्र) - एन. ए. पालकीवाला
- गणतंत्र की जन्मकुंडली - के. एम. मुंशी
- संविधान की आत्मा - प्रस्तावना → ठाकुर भार्गव दास
- अनुच्छेद-32 (संवैधानिक उपचारों का अधिकार) → डॉ. बी. आर. अम्बेडकर

प्रस्तावना के घटक/तत्व

- स्रोत → हम भारत के लोग अर्थात् जनता
- स्वरूप/प्रकृति
- अंगीकृत → 26 नवंबर, 1949; पूर्णतः लागू → 26 जनवरी 1950
- उद्देश्य
  - न्याय - सामाजिक, आर्थिक व राजनीतिक (3)
    - विचार - रूसी क्रान्ति 1917 से
  - स्वतंत्रता - विश्वास, धर्म, उपासना, विचार व अभिव्यक्ति (5)
    - विचार - फ्रांसीसी क्रान्ति से; आर्थिक स्वतंत्रता (नहीं)
  - समानता - कानून के समक्ष सभी समान (विशेषाधिकार नहीं)
  - बंधुत्व - भाईचारा

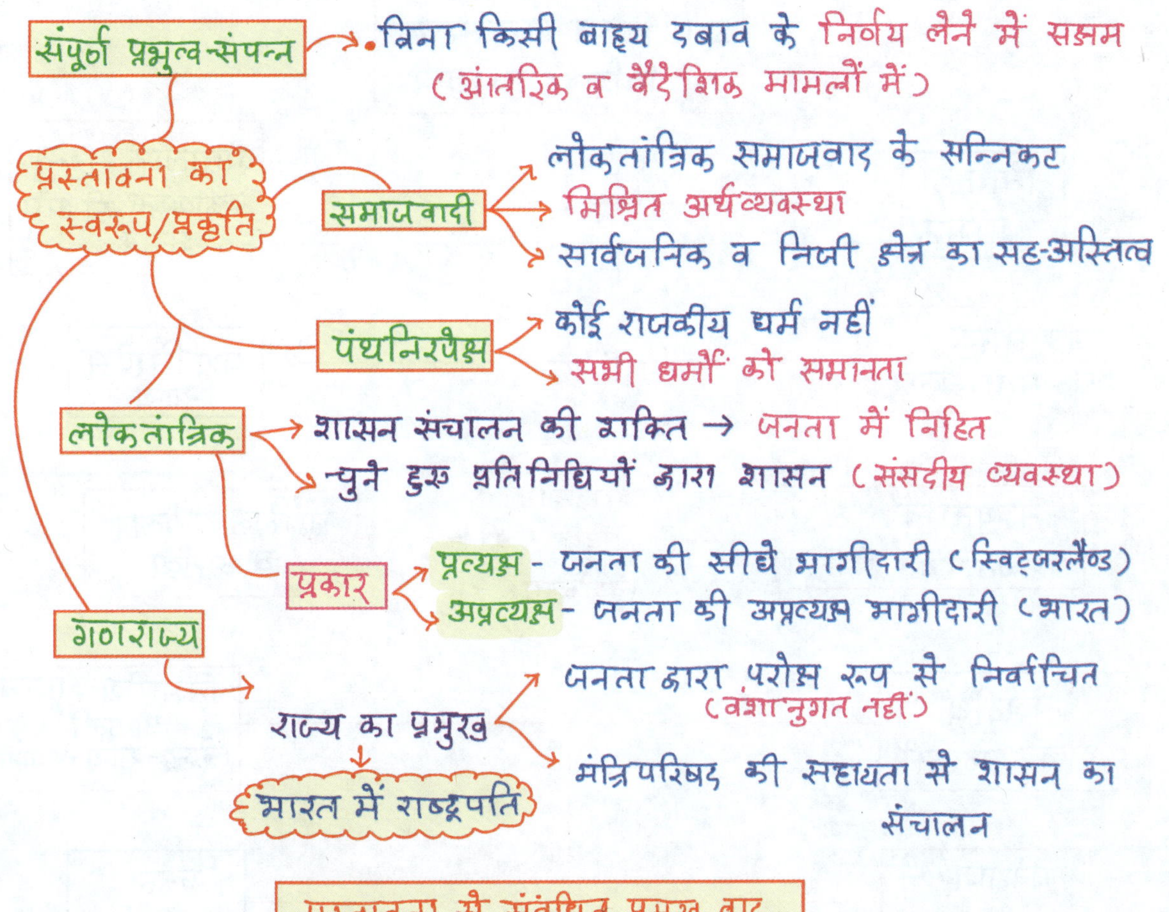

प्रस्तावना से संबंधित प्रमुख वाद

• संविधान का अंग (x)

• संशोधनीय (x)

• संविधान की मूल आत्मा, शाश्वत व गैर-वादयोग्य

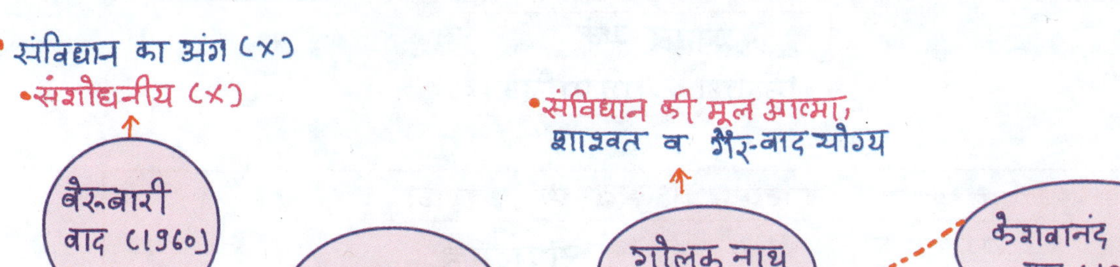

• संविधान का अंग (✓)

• संशोधन संभव, परन्तु मूल ढाँचे में नहीं

• पूर्व निर्णय पर पुनर्विचार का सुझाव

LIC बनाम भारत संघ (1995)

एस. आर. बोम्मई (1994)

• अभिन्न अंग (✓)

• न्यायालय में सीधे लागू (x)

• अभिन्न अंग

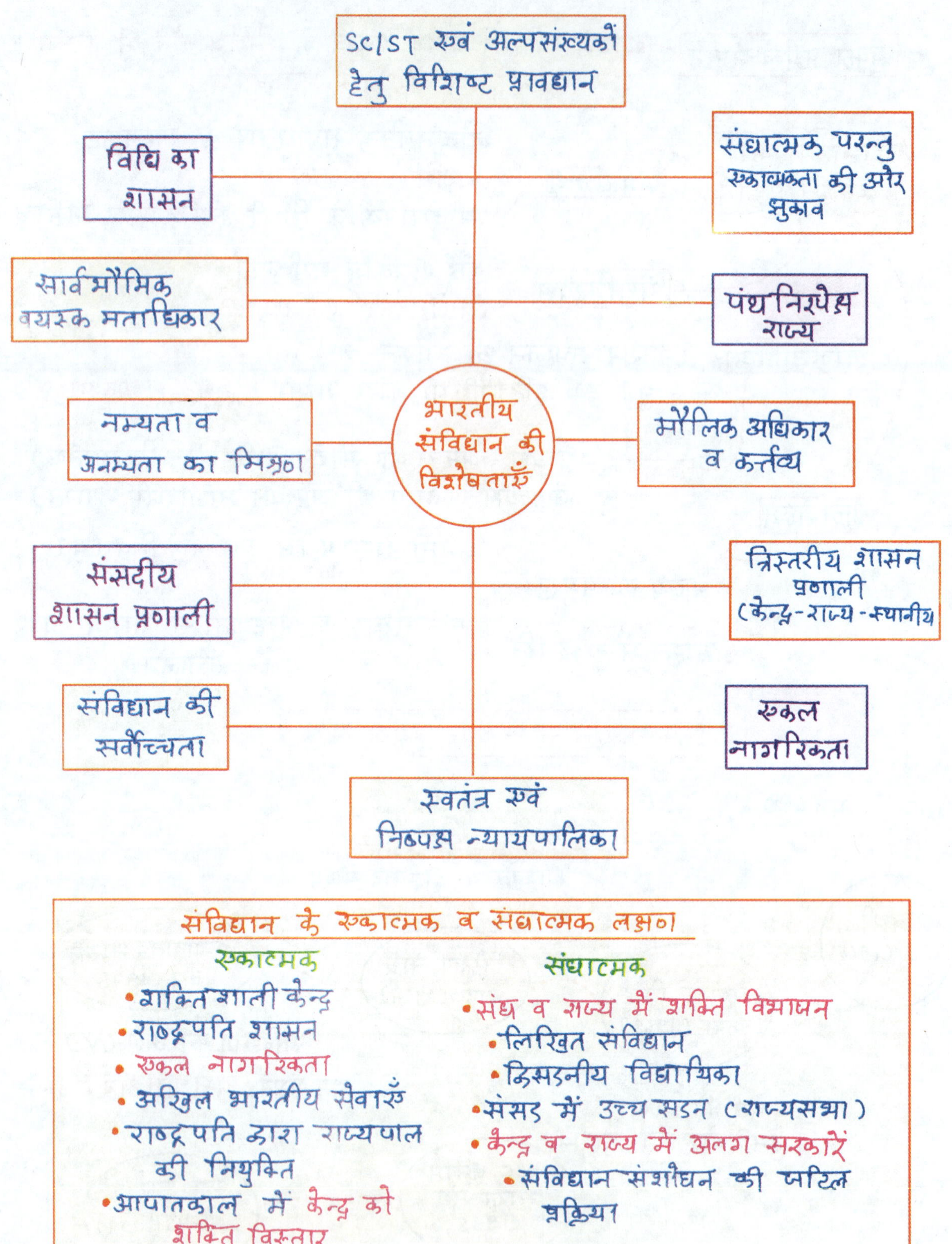
SC/ST एवं अल्पसंख्यकों हेतु विशिष्ट प्रावधान
विधि का शासन
संघात्मक परन्तु एकात्मकता की ओर झुकाव
सार्वभौमिक वयस्क मताधिकार
पंथनिरपेक्ष राज्य
भारतीय संविधान की विशेषताएँ
नम्यता व अनम्यता का मिश्रण
मौलिक अधिकार व कर्त्तव्य
संसदीय शासन प्रणाली
त्रिस्तरीय शासन प्रणाली (केन्द्र-राज्य-स्थानीय
संविधान की सर्वोच्चता
एकल नागरिकता
स्वतंत्र एवं निष्पक्ष न्यायपालिका
संविधान के एकात्मक व संघात्मक लक्षण
एकात्मक
• शक्तिशाली केन्द्र
• राष्ट्रपति शासन
• एकल नागरिकता
• अखिल भारतीय सेवाएँ
• राष्ट्रपति द्वारा राज्यपाल की नियुक्ति
• आपातकाल में केन्द्र की शक्ति विस्तार
संघात्मक
• संघ व राज्य में शक्ति विभाजन
• लिखित संविधान
• द्विसदनीय विधायिका
• संसद में उच्च सदन (राज्यसभा)
• केन्द्र व राज्य में अलग सरकारें
• संविधान संशोधन की जटिल प्रक्रिया

04 संविधान के प्रमुख स्रोत, भाग, अनुच्छेद एवं अनुसूचियाँ

प्रमुख स्रोत:

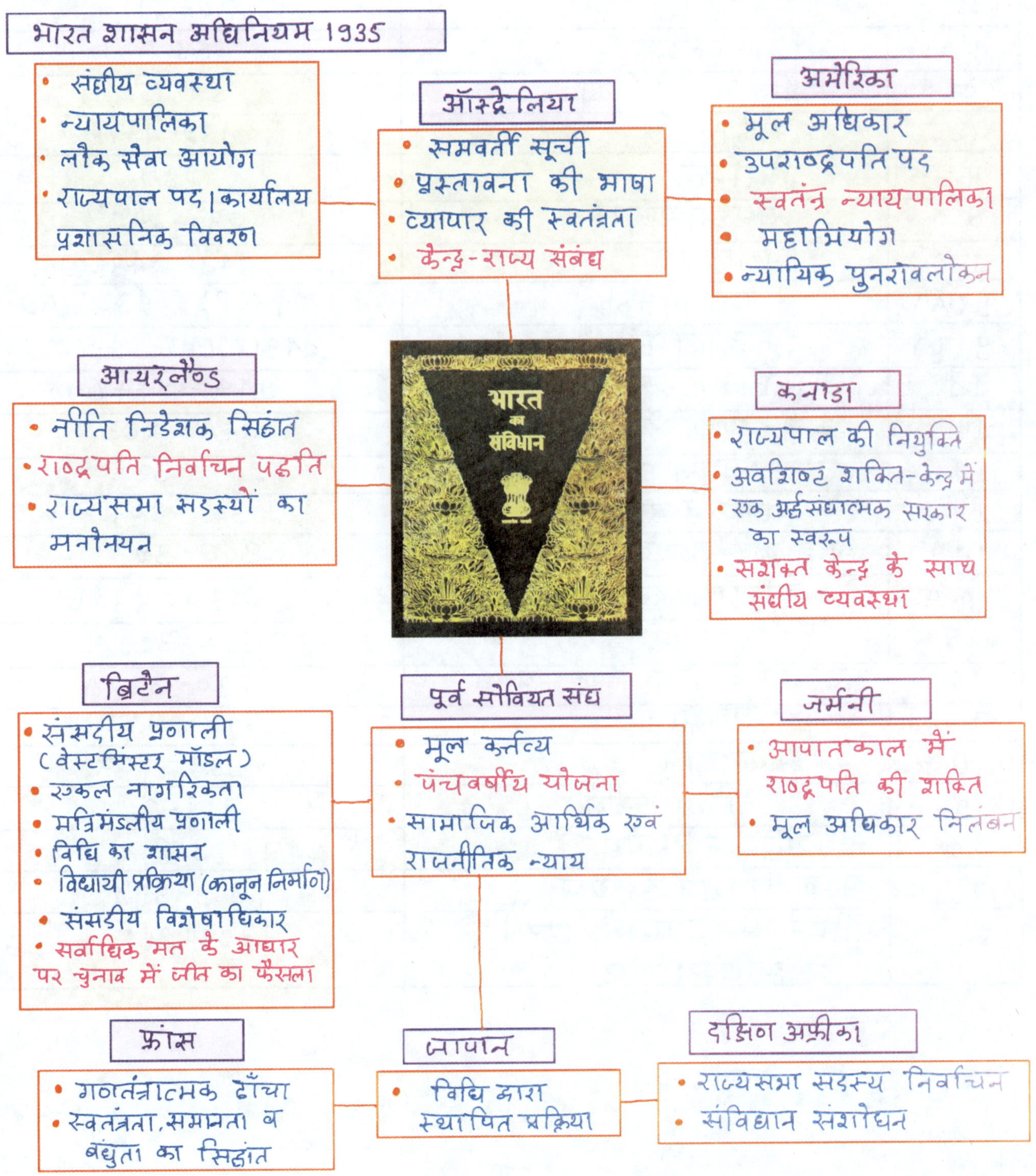

संविधान के प्रमुख भाग व अनुच्छेद :

भाग	विषय	अनुच्छेद
1	संघ व राज्य क्षेत्र	1-4
2	नागरिकता	5-11
3	मौलिक अधिकार	12-35
4	नीति निर्देशक तत्व	36-51
4A	मौलिक कर्त्तव्य	51 A
5	संघीय कार्यपालिका	52-151
6	राज्य	152-237
7	निरसित	238
8	संघ-राज्य क्षेत्र	239-242
9	पंचायत	243- 243(O)
9(A)	नगरपालिका	243(P) - 243(Z)(G)
9(B)	सहकारी समितियाँ	243(Z)(H) - 243(Z)(T)
10	अनुसूचित व जनजातीय क्षेत्र	244 - 244(A)
11	केन्द्र - राज्य संबंध	245 - 263
12	वित्त, संपति अनुबंध व वाद	264 - 300(A)
13	व्यापार व वाणिज्य	301 - 307
14	संघ एवं राज्य के अधीन सेवाएँ	308 - 323
14A	न्यायाधिकरण/अधिकरण	323A - 323B
15	निर्वाचन	324 - 329A
16	कुछ वर्गों के लिए विशेष उपबंध	330 - 342A
17	राजभाषा	343 - 351
18	आपातकाल	352 - 360
19	विविध (प्रकीर्ण)	361 - 367
20	संविधान संशोधन	368
21	अस्थायी विशेष प्रावधान	369 - 392
22	संक्षिप्त नाम, प्रारम्भ, हिन्दी में अधिकृत पाठ	393 - 395

अनुसूचियाँ

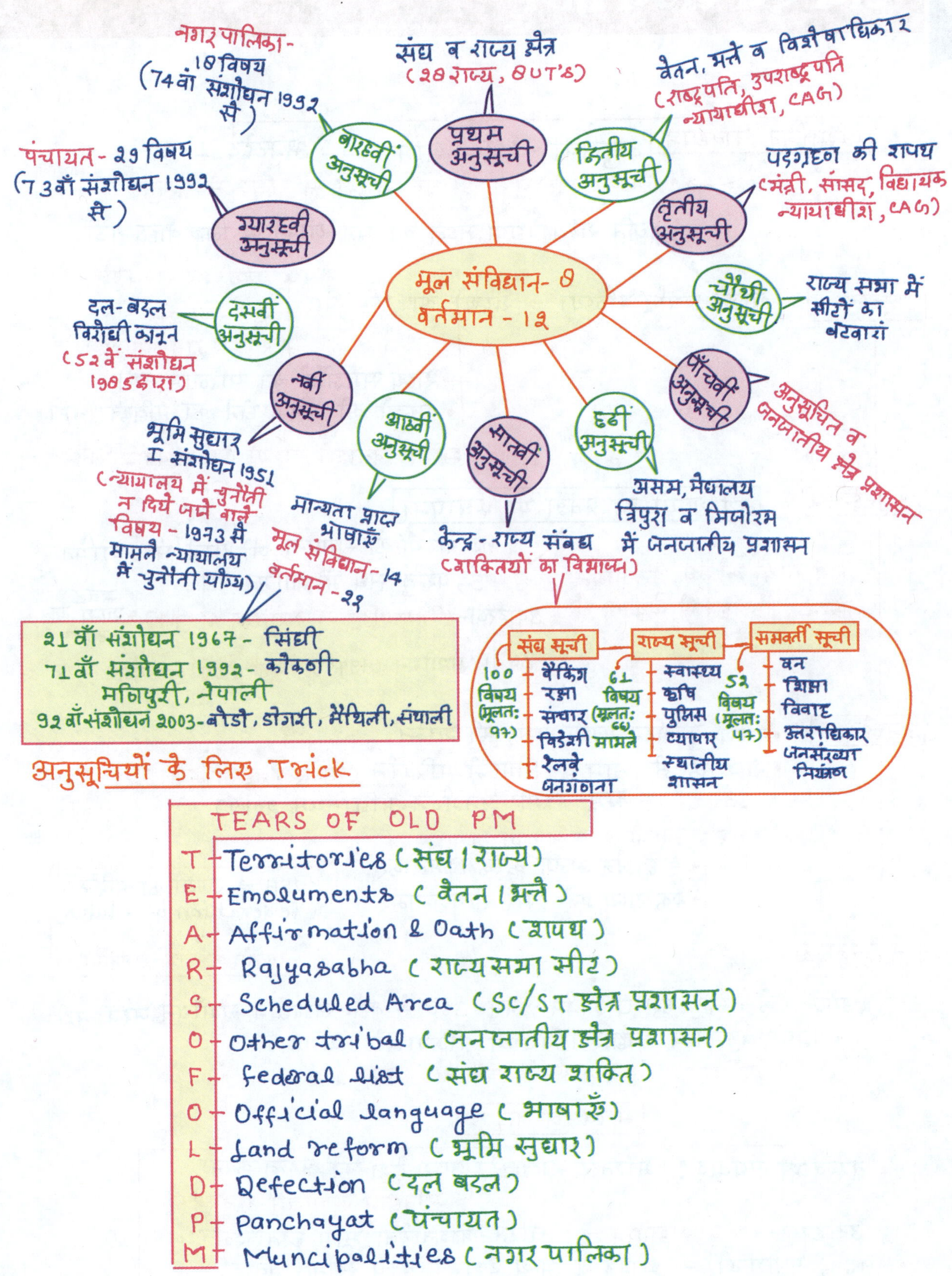
मूल संविधान- 8
वर्तमान - 12
प्रथम अनुसूची
संघ व राज्य क्षेत्र
(28 राज्य, 8 UT's)
द्वितीय अनुसूची
वेतन, भत्ते व विशेषाधिकार
(राष्ट्रपति, उपराष्ट्रपति न्यायाधीश, CAG)
तृतीय अनुसूची
पदग्रहण की शपथ
(मंत्री, सांसद, विधायक न्यायाधीश, CAG)
चौथी अनुसूची
राज्य सभा में सीटों का बटवारा
पाँचवीं अनुसूची
अनुसूचित व जनजातीय क्षेत्र प्रशासन
छठी अनुसूची
असम, मेघालय त्रिपुरा व मिजोरम में जनजातीय प्रशासन
सातवीं अनुसूची
केन्द्र - राज्य संबंध
(शक्तियों का विभाजन)
आठवीं अनुसूची
मान्यता प्राप्त भाषाएँ
मूल संविधान - 14
वर्तमान - 22
नवीं अनुसूची
भूमि सुधार
I संशोधन 1951
(न्यायालय में चुनौती न दिये जाने वाले विषय - 1973 से मामले न्यायालय में चुनौती योग्य)
दसवीं अनुसूची
दल-बदल विरोधी कानून
(52वें संशोधन 1985 द्वारा)
ग्यारहवीं अनुसूची
पंचायत - 29 विषय
(73वाँ संशोधन 1992 से)
बारहवीं अनुसूची
नगर पालिका - 18 विषय
(74वां संशोधन 1992 से)
21वाँ संशोधन 1967 - सिंधी
71वाँ संशोधन 1992 - कोंकणी मणिपुरी, नेपाली
92वाँ संशोधन 2003 - बोडो, डोगरी, मैथिली, संथाली
संघ सूची
100 विषय (मूलतः 97)
बैंकिंग
रक्षा
संचार
विदेशी मामले
रेलवे
जनगणना
राज्य सूची
61 विषय (मूलतः 66)
स्वास्थ्य
कृषि
पुलिस
व्यापार
स्थानीय शासन
समवर्ती सूची
52 विषय (मूलतः 47)
वन
शिक्षा
विवाह
उत्तराधिकार
जनसंख्या नियंत्रण
अनुसूचियों के लिए Trick
TEARS OF OLD PM
T - Territories (संघ / राज्य)
E - Emoluments (वेतन / भत्ते)
A - Affirmation & Oath (शपथ)
R - Rajyasabha (राज्यसभा सीट)
S - Scheduled Area (SC/ST क्षेत्र प्रशासन)
O - Other tribal (जनजातीय क्षेत्र प्रशासन)
F - federal list (संघ राज्य शक्ति)
O - Official language (भाषाएँ)
L - land reform (भूमि सुधार)
D - Defection (दल बदल)
P - panchayat (पंचायत)
M - Muncipalities (नगर पालिका)

05 संघ एवं राज्य क्षेत्र

संवैधानिक प्रावधान → अनुसूची - 1st | भाग - 1 | अनुच्छेद 1-4

- विधेयक राष्ट्रपति की पूर्व मंजूरी से संसद में प्रस्तुत
  - राष्ट्रपति राज्यविधान मंडल का मत जानने के लिए बाध्य नहीं

अनुच्छेद-1 → भारत अर्थात् इण्डिया → राज्यों का एक संघ
- राज्यों का राज्य क्षेत्र
- संघ राज्य क्षेत्र
- सरकार द्वारा अधिग्रहित क्षेत्र

- राज्य समझौते का परिणाम नहीं
- राज्यों को अलग होने का अधिकार नहीं
  - भारत विनाशी राज्यों का अविनाशी संघ

अनुच्छेद-2 → **नये राज्यों का प्रवेश या स्थापना**
- नये राज्यों को संघ में शामिल करना, जो पहले से विद्यमान हो
- नए राज्यों की स्थापना जो पहले से स्थापित है, परन्तु संघ में शामिल नहीं
  - उदाहरण- (सिक्किम) 35 वाँ संशोधन (1974) → संबद्ध राज्य का दर्जा
  - 36 वाँ संशोधन (1975) → पूर्ण राज्य का दर्जा

अनुच्छेद-3 →
- राज्य पुनर्गठन संबंधी संसद की शक्ति
- राज्य के क्षेत्र, नाम व सीमा में परिवर्तन (साधारण बहुमत द्वारा)
  (उदाहरण - जम्मू-कश्मीर पुनर्गठन अधिनियम 2019)
- नए राज्यों का निर्माण
  - कुछ क्षेत्र अलग करके / मिलाकर
  - एक राज्य को दूसरे से मिलाकर

USA → राज्यों का परिसंघ (federation of states)
↓
राज्यों के बीच समझौता

अनुच्छेद- 4

अनु. 2 और 3 के तहत किए परिवर्तन - अनु. 368 के तहत संविधान संशोधन जरूरी नहीं
सामान्य बहुमत व साधारण विधायी प्रक्रिया से संशोधन
(उपस्थित व मतदान करने वाले 2/3 सदस्य)

महत्वपूर्ण वाद:

- बेरूवारी संघवाद: भारतीय राज्यक्षेत्र अन्य देश को प्रदत्त करना
  - संविधान संशोधन आवश्यक

उदाहरण- 100 वाँ संशोधन – भारत-बांग्लादेश भूमि हस्तांतरण (2015)

- 1969, सुप्रीम कोर्ट - भारत व अन्य देश के बीच सीमा विवाद
  - संशोधन आवश्यक नहीं (कार्यपालिका द्वारा)

राज्य पुनर्गठन आयोग

- 1950 में भारतीय संघ के राज्य - A, B, C, D } 4 category में
- राज्य पुनर्गठन अधिनियम 1956 - ↳(x)
- 7वाँ संविधान संशोधन 1956 → राज्यों का पुनर्गठन
  ↳ भाषा का आधार + UT की संकल्पना

प्रमुख आयोग :

गठन	आयोग	रिपोर्ट
जून, 1948	भाषायी प्रान्त समिति ↳ एस. के. धर	भाषायी आधार (x) प्रशासनिक आधार (✓)
दिसम्बर, 1948	जेवीपी समिति	भाषा आधार (x)
दिसम्बर, 1953	फजल अली आयोग (अध्यक्ष) अन्य सदस्य - के. एम. पणिक्कर एच एन कुंजरू	भाषा आधार (✓) एक भाषा एक राज्य (x) 16 राज्य, 3 UT की सिफारिश

- भाषायी आधार पर गठित प्रथम राज्य - आन्ध्र प्रदेश (1953)
  ↳ तत्कालीन मद्रास से अलग
- राज्य पुनर्गठन अधिनियम 1956 से - 14 राज्य, 6 UT } गठित

1950 के बाद गठित राज्य :

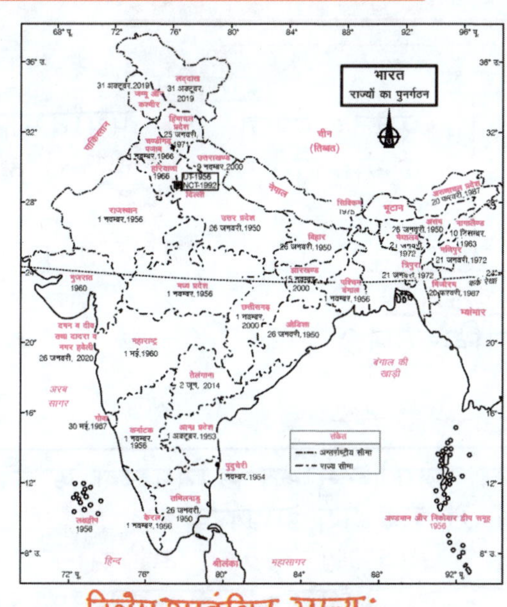

Trick-
आम गुनाह ही मेघ मंत्र सी गर्मी (GARMI) दे सकता है

- आ - आन्ध्र प्रदेश (1953)
- म - महाराष्ट्र (1960)
- गु - गुजरात (1960)
- ना - नागालैंड (1963)
- ह - हरियाणा (1966)
- ही - हिमाचल (1971)
- मेघ - मेघालय (1972)
- म - मणिपुर (1972)
- त्र - त्रिपुरा (1972)
- सी - सिक्किम (1975)
- G - गोवा (1987)
- AR - अरूणाचल (1987)
- MI - मिजोरम (1987)

विशेष उपबंधित राज्य :

371 - महाराष्ट्र व गुजरात
371(A) - नागालैण्ड (B) असम
(C) मणिपुर (D) आन्ध्र प्रदेश + तेलंगाना
(F) सिक्किम (G) मिजोरम (H) अरूणाचल प्रदेश (I) गोवा
(J) हैदराबाद कर्नाटक क्षेत्र

06 नागरिकता

संवैधानिक प्रावधान
- भाग II
- अनुच्छेद 5-11
- एकल नागरिकता (यू.के से)

नागरिकता

अनु. 5-8
(26 जनवरी, 1950 के पूर्व नागरिकता)

अनु. 9-11
(26 जनवरी, 1950 के बाद)
नागरिकता अधि. 1955

प्रमुख अनुच्छेद

अनु. 5	संविधान के प्रारम्भ में नागरिकता
6	पाकिस्तान से भारत आने वाले (19 जुलाई, 1948 से पहले)
7	भारत से पाकिस्तान जाने वाले (1 मार्च, 1947 के बाद)
8	भारत से बाहर रहने वाले भारतीय मूल के व्यक्ति
9	नागरिकता की समाप्ति (एकल नागरिकता की पुष्टि)
10	नागरिकता अधिकारों की निरंतरता
11	नागरिकता संबंधी संसद की शक्तियाँ (विधि बनाने की)

भारतीय नागरिकता अधिनियम 1955 (लागू 30 दिसम्बर, 1955)

नागरिकता प्राप्ति
- जन्म से
- वंशक्रम से
- पंजीकरण से (7 वर्ष)
- देशीकरण (12 वर्ष निवास)
- सम्मिलित क्षेत्र से

समाप्ति
- स्वतः त्याग
- पर्यावसान
- वंचित होने पर (स्वेच्छा से अन्य देशों की नागरिकता लेने पर)

नागरिकता संशोधन अधिनियम 2019 (CAA)

↳ 3 देश (बांग्लादेश, अफगानिस्तान व पाकिस्तान)
↓ 2014 तक के
6 समुदाय (हिन्दू, सिख, पारसी, बौद्ध, ईसाई व जैन)
└ को नागरिकता उपबंध
(11 वर्ष की जगह 5 वर्ष में ही)

अपवाद → छठी अनुसूची के तहत शामिल आदिवासी क्षेत्रों पर लागू नहीं

वीजा संबंधी उन्मुक्ति के निर्धारण के लिए केन्द्र सरकार द्वारा आप्रवास और विदेशी विषयक अधिनियम 2025 अधिसूचित किया गया। लागू - 1 सितम्बर, 2025 से

प्रवासी भारतीय नागरिकता

- ओवरसीज सिटीजन ऑफ इण्डिया (OCI)
  ↳ (शुरुआत - 2005)
  - आजीवन वीजामुक्त यात्रा
  - शैक्षणिक व सांस्कृतिक लाभ
  - राजनैतिक अधिकार नहीं
- अनिवासी भारतीय (NRI) — नागरिकता व मतदान का अधिकार

* 11 मार्च 2024 से नागरिकता संशोधन → पूरे देश में प्रभावी

* नागरिकता अधिनियम 1955 - 6 बार संशोधित (1986, 1992, 2003, 2005, 2015, 2019)

07 मौलिक/मूल अधिकार

सामान्य परिचय

- भाग-III, अनु॰- 12-35
- न्यायालय में प्रवर्तनीय (वाद योग्य) • भारत का अधिकार पत्र (मैग्नाकार्टा)
- स्रोत-अमेरिकी संविधान • कराची अधिवेशन (1931) में मूल अधिकार प्रारूप
  ↳ जवाहर लाल नेहरू द्वारा
- 6 अधिकार (प्रारम्भ में 7)
  ↳ संपत्ति का अधिकार अब विधिक अधिकार (अनु॰ 300(A)) (44th संशोधन 1978 से)
- संशोधनीय (केशवानंद वाद + 24 वां संशोधन)

Trick	समस्त शोध संस्कृति के उपचार
सम	समानता का अधिकार - अनु॰ 14-18
स्त	स्वतंत्रता का अधिकार - अनु॰ 19-22
शो	शोषण के विरुद्ध अधिकार - अनु॰ 23-24
ध	धार्मिक स्वतंत्रता का अधिकार - अनु॰ 25-28
संस्कृति	संस्कृति, शिक्षा संबंधी अधिकार - अनु॰ 29-30
उपचार	संवैधानिक उपचारों का अधिकार - अनु॰ 32

प्रमुख अनुच्छेद

(12) – : राज्य परिभाषित (संसद, केन्द्र सरकार, राज्य सरकार, विधानमंडल etc)

(13) - मौलिक अधिकारों के उल्लंघन पर कानून शून्य (रद्द)

└ केशवानंद भारतीवाद 1973 - मूल ढाँचे के उल्लंघन पर कानून रद्द

समानता का अधिकार

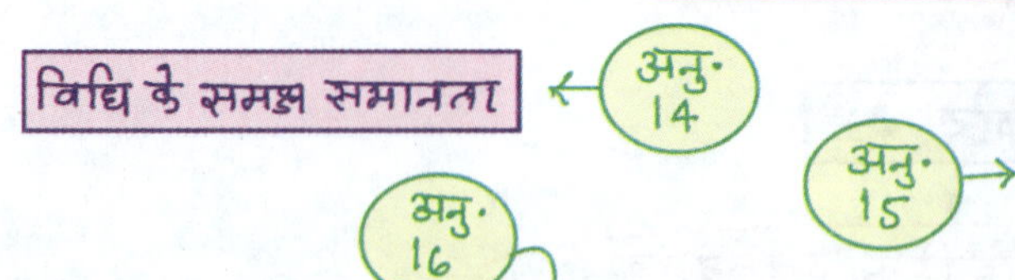

अनु॰ 15 → • धर्म, मूलवंश, जाति, लिंग व जन्म स्थान के आधार पर भेदभाव नहीं

- 15(1) - राज्य द्वारा भेदभाव नहीं
- 15(2) - राज्य के साथ निजी कम्पनियों द्वारा (दुकान, होटल, रोड सार्वजनिक स्थानपर) भेदभाव नहीं
- 15(3) - महिलाओं व बच्चों हेतु विशेष प्रावधान
- 15(4) - SC/ST/OBC के लिए आरक्षण (शिक्षण संस्था)
- 15(5) - निजी शिक्षण संस्था में आरक्षण
- 15(6) - EWS को शिक्षण संस्था में आरक्षण

अनु॰ 16:

- लोक नियोजन में अवसर की समानता
- धर्म वंश आदि आधार पर विभेद नहीं
- निवास संबंधी शर्तें लागू (16(3))
- SC/ST/OBC आरक्षण (नौकरी में) 16(4)
- EWS आरक्षण (नौकरियों में) 16(6)

अनु॰ 18 → उपाधियों का अंत (महाराजा, राजा, सर आदि (x))

अनु॰ 17 → अस्पृश्यता का अंत ↓ सिविल अधिकार संरक्षण अधिनियम, 1955

Trick (अनु॰ 15-18): DOUBT

D (15) → Discrimination भेदभाव नहीं

O (16) → opportunity अवसर

U (17) → untouchibility अस्पृश्यता

B X

T (18) → Titles (उपाधि)

प्रमुख वाद: बालाजी Vs मैसूर (1963), इंदिरा साहनी वाद (1992)
↓
पदोन्नति आरक्षण 50% से अधिक नहीं

1979 मंडल कमीशन (2nd पिछड़ा आयोग) → OBC को आरक्षण

वाक् एवं अभिव्यक्ति की स्वतंत्रता

19 (1)(a) – भाषण एवं अभिव्यक्ति। प्रेस की स्वतंत्रता
(b) – शान्तिपूर्ण सम्मेलन
(c) – संघ/सहकारी समिति गठन
(d) – देश में अबाध संचरण की स्वतंत्रता
(e) – देश में कहीं भी बसने का अधिकार
(f) – व्यवसाय व आजीविका का अधिकार

Trick - अनु॰ 19

बोस संग आया व बस व्यापार किया
बो - बोलने की - 19 (1) (a)
स - सभा - (b)
संग - संघ/समिति - (c)
आया - आने/जाने - (d)
बस - बसने की - (e)
व्यापार - व्यवसाय - (f)

स्वतंत्रता का अधिकार

अनुच्छेद-19

अनुच्छेद-22 → गिरफ्तारी और निरोध से संरक्षण
- गिरफ्तारी का कारण जानने का अधिकार
- 24 घण्टे के अंदर मजिस्ट्रेट के समक्ष प्रस्तुत
- मनपसंद वकील से सलाह

अनुच्छेद-20 → दोष सिद्धि संबंध में संरक्षण
1- दण्ड वर्तमान कानून के तहत
2- एक अपराध के लिए एक बार सजा
3- स्वयं के विरुद्ध गवाही के लिए बाध्य नहीं

अनुच्छेद-21 → प्राण व दैहिक स्वतंत्रता
- विदेश जाने, नींद, एकान्तता, शिक्षा निजता व बिजली का अधिकार आदि

* प्रमुख वाद: मेनका गांधी वाद → विदेश जाने से संबंधित
ओल्गा टेलिस Vs बाम्बे नगर निगम
└ जीवन का अधिकार

21 (A) – 6-14 वर्ष के बच्चों को निःशुल्क शिक्षा
└ 86वें संशोधन 2002 से → बच्चों को निःशुल्क और अनिवार्य शिक्षा का अधिकार अधिनियम 2009 लागू - 2010

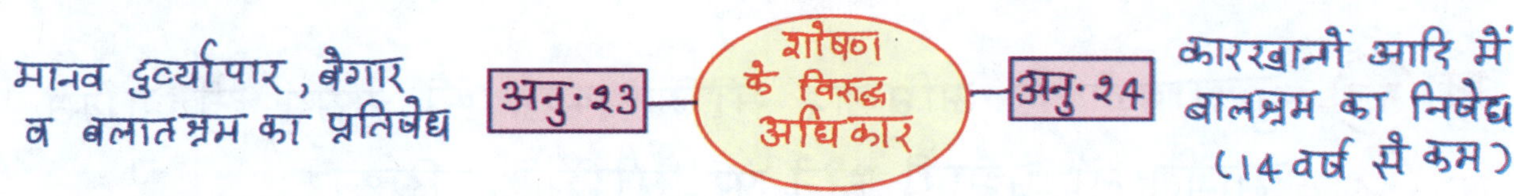

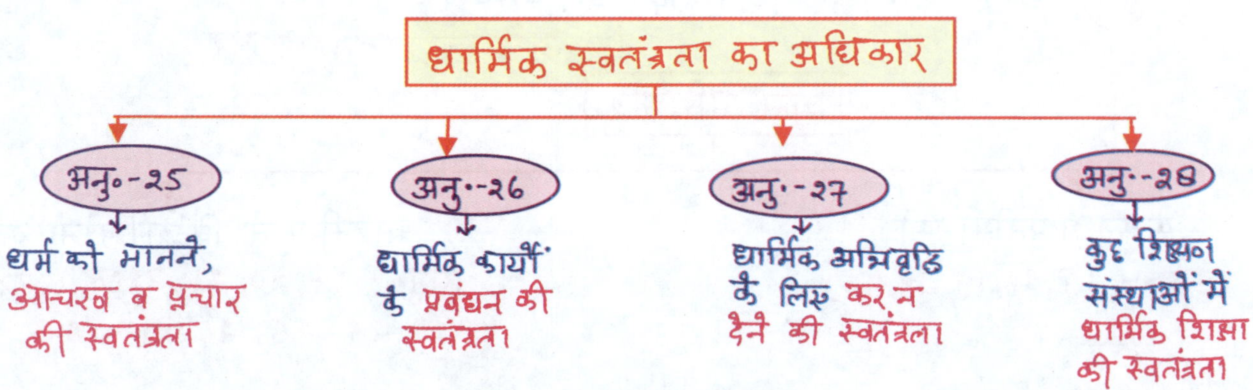

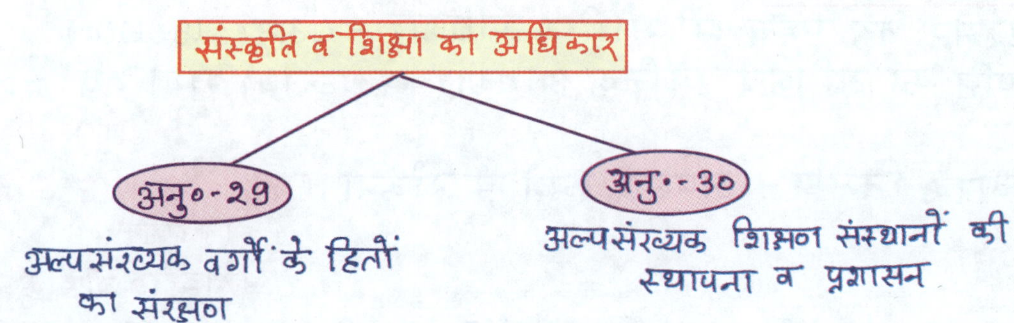

अनु.-32 → संवैधानिक उपचारों का अधिकार

└ संविधान का हृदय व आत्मा - बी. आर अम्बेडकर

↓

मौलिक अधिकारों की सुरक्षा की गारण्टी

└ उल्लंघन पर
- अनु. 32 – सुप्रीम कोर्ट (केवल मौलिक अधिकार)
- अनु. 226- उच्च न्यायालय (व्यापक क्षेत्र)
  └ मौलिक + विधिक

*** न्यायालय द्वारा 5 प्रकार की रिटें:**

(i) बन्दी प्रत्यक्षीकरण (Habeas Corpus) → सशरीर प्रस्तुत करना

(ii) परमादेश (Mandamus) → हम आदेश देते हैं

(iii) अधिकार पृच्छा (Quo warranto) → किस अधिकार से

(iv) उत्प्रेषण (certiorari) → कार्रवाई रोकना — उच्चतम न्यायालय
└ उच्च → अधीनस्थ

(v) प्रतिषेध (Prohibition) → निषेध करना / रोकना (S.C – H.C – Lower)

अनु॰ (33) - सुरक्षाबलों के अधिकार सीमित करने की संसद की शक्ति

अनु॰ (34) - मार्शल लॉ प्रभावी होने पर सीमित अधिकार

अनु॰ (35) - कानून बनाने की संसद की शक्ति

└ अधिकार उल्लंघन पर

मूल अधिकार

केवल भारतीयों को
(अनु॰ - 15, 16, 19, 29, 30)

भारतीयों व विदेशी दोनों को
अनु॰ - 14, 20, 21, 21(क), 22, 23
24, 25, 26, 27, 28

अन्य प्रमुख तथ्य:

- इंटरनेट तक पहुँच भी मौलिक अधिकार - (अनु॰ - 19(1)(a)
- संपत्ति का अधिकार मौलिक अधिकार से हटाया गया तब PM
  └ मोरारजी देसाई
- निवारक निरोध - अपराध करने से रोकना (अधिकतम 3 माह अभिरक्षा)
  │ बढ़ाना
  सलाहकार बोर्ड की अनुमति
- आपातकाल में स्वतंत्रता के मौलिक अधिकारों का निम्नीकरण

08 राज्य के नीति निदेशक तत्त्व

- भाग IV, अनु॰ - 36-51
- स्रोत - स्पेनिश/आयरिश संविधान (आयरिश संविधान के अनु॰ 45 से)
- न्यायालय में प्रवर्तनीय नहीं
- उद्देश्य - सामाजिक, आर्थिक लोकतंत्र स्थापित करना।

प्रमुख विद्वानों के कथन

- भारतीय संविधान की नवीन विशेषता (Noval features) - डॉ॰ अम्बेडकर
- संविधान की आत्मा (DPSP & FR) - ग्रेनविल ऑस्टिन
- DPSP एक चैक जो बैंक की सुविधानुसार देय - प्रो॰ के॰टी॰ शाह
- लक्ष्य तथा आकांक्षाओं का घोषणा पत्र - के॰सी॰ व्हीयर
- पवित्र आकांक्षा (Pious Aspiration) - सर आइवर जेनिंग्स

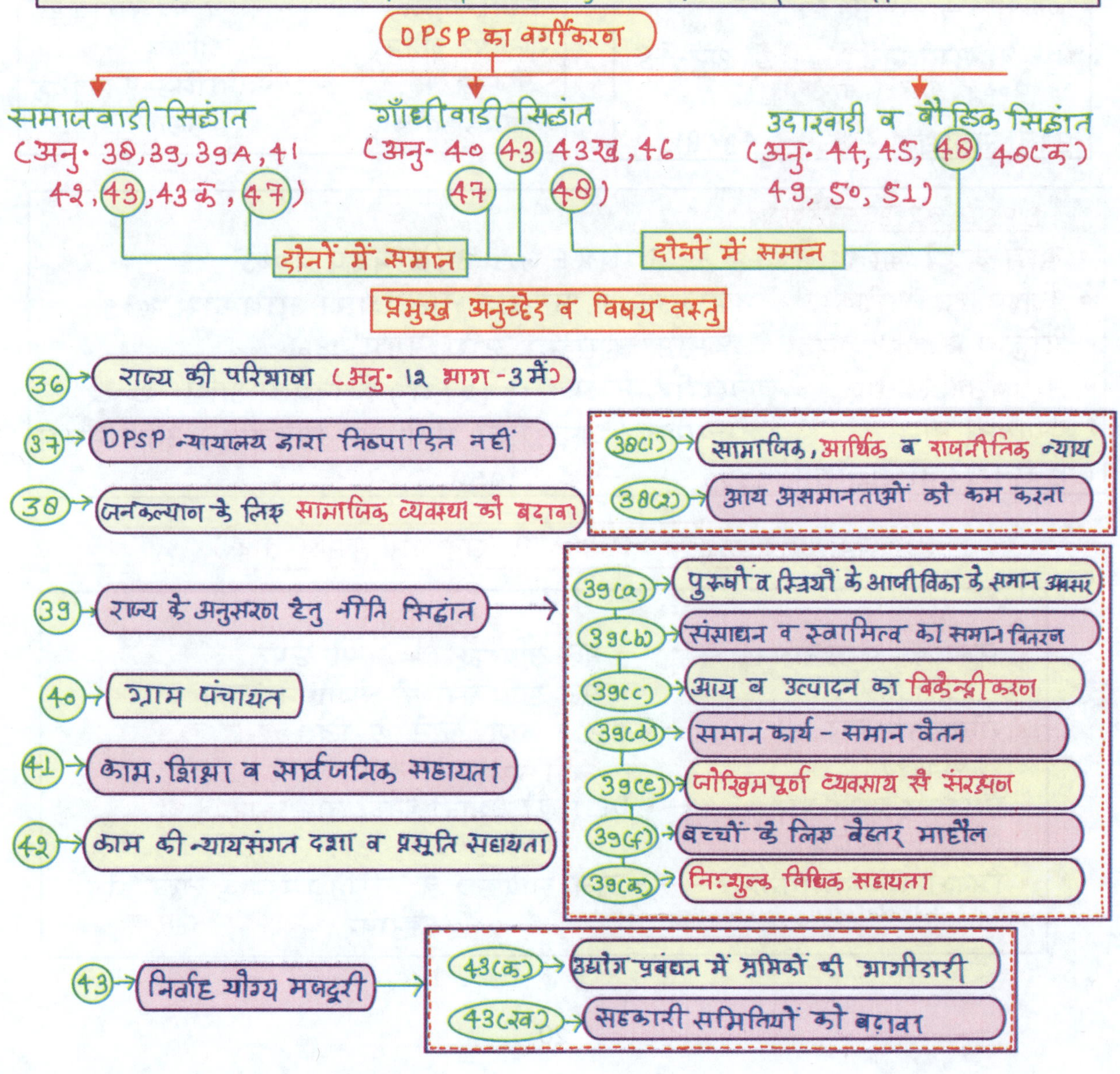

44 → समान नागरिक संहिता → लागू करने वाला प्रथम राज्य - गोवा

45 → 0-6 वर्ष के बच्चों की शिक्षा व देखभाल

46 → SC/ST व अन्य कमजोर वर्गों के हितों में अभिवृद्धि

47 → पोषण स्तर व जीवन स्तर में सुधार

48 → कृषि एवं पशुपालन

48 (क) → पर्यावरण संरक्षण व संवर्धन

49 → राष्ट्रीय महत्व के स्मारकों का संरक्षण

50 → न्यायपालिका व कार्यपालिका का पृथक्करण

51 → अंतर्राष्ट्रीय शांति व सुरक्षा

प्रमुख संविधान संशोधन:

- 42 वाँ संशोधन — जोड़े गए अनुच्छेद → 39 (क), 43 (क), 48 (क)
- 44 वाँ — 38 (2)
- 86 वाँ संशोधन 2002 — विषय वस्तु परिवर्तित — अनु. 45
- 97 वाँ संशोधन — जुड़ा — 43 (B)

मौलिक अधिकार vs DPSP

मौलिक अधिकार	DPSP
प्रवर्तनीय	अप्रवर्तनीय
व्यक्ति केन्द्रित	समूह केन्द्रित
निजी व्यक्ति व राज्य पर प्रतिबंध	राज्य पर सकारात्मक दायित्व
लोकतंत्र व नागरिक अधिकार	सामाजिक व आर्थिक लोकतंत्र

DPSP की उपलब्धियाँ:

- काम करने का अधिकार – MNREGA अधिनियम, 2005
- शिक्षा का अधिकार – निःशुल्क व अनिवार्य बाल शिक्षा अधिकार, 2009
- महिला सशक्तीकरण – प्रसूति प्रसुविधा अधिनियम, 1961
- पर्यावरण संरक्षण – वन्य जीव संरक्षण 1972 / जैव-विविधता अधि. 2002
- पंचायती राज (73 वाँ + 74 वाँ संशोधन, 1992) – पंचायत (अनुसूचित क्षेत्रों तक विस्तार) अधिनियम 1996

मौलिक अधिकार व DPSP से संबंधित प्रमुख वाद

वाद	प्रमुख फैसले
चम्पाकम दोराईराजन (1951)	मूल अधिकार DPSP से ऊपर; मूल अधिकारों में संशोधन संभव
गोलकनाथ वाद (1967)	DPSP लागू करने के लिए संसद मूल अधिकारों को कम नहीं कर सकती
केशवानंद भारती वाद (1973) - 13 जज	DPSP को प्रभावी बनाने वाले कानून का व्यावृत्त (Null) होना
मिनर्वा मिल्स मामला (1980)	मूल अधिकार व नीति निदेशक तत्व दोनों बराबर (एक-दूसरे के पूरक)

09 मौलिक कर्त्तव्य

संवैधानिक प्रावधान

- भाग IV (क), अनु॰ 51 (क)
- स्वर्ण सिंह समिति की सिफारिश पर 42वें संशोधन 1976 से
  └ सुझाव - 8 कर्त्तव्यों के लिए
- स्रोत - पूर्व सोवियत संघ (रूस)
- अप्रवर्तनीय (Non-Justiciable)
- 11 मौलिक कर्त्तव्य (पूर्व में -10) 11 वाँ - 86वें संशोधन 2002 से

संविधान, राष्ट्रीय ध्वज व राष्ट्रगान का सम्मान

स्वतंत्रता संग्राम के आदर्शों को संजोना

भारत की संप्रभुता, एकता व अखण्डता को अक्षुण्ण बनाए रखना।

देश की रक्षा व राष्ट्रसेवा

सद्भाव व भाईचारे को बढ़ावा

सम्मिलित संस्कृति की समृद्ध विरासत को सहेजना।

प्राकृतिक संसाधनों (वन, झील, नदी, वन्यजीव) एवं पर्यावरण का संरक्षण

वैज्ञानिक सोंच व मानवता का विकास

सार्वजनिक संपत्ति की सुरक्षा व हिंसा का त्याग

सभी क्षेत्रों में उत्कर्ष की ओर बढ़ने का प्रयास

6-14 वर्ष के बच्चों के लिए अभिभावकों द्वारा शिक्षा का अवसर उपलब्ध कराना

10 राष्ट्रपति

- राष्ट्र प्रमुख (राष्ट्राध्यक्ष)
- प्रथम नागरिक
- सैन्य प्रमुख (सुप्रीम कमांडर)
- केन्द्रीय विश्वविद्यालय का कुलाध्यक्ष
- समस्त कार्यपालिका शक्तियाँ → राष्ट्रपति में (नाममात्र)
  ↓
  पीएम + मंत्रिपरिषद (वास्तविक)

✡ योग्यता

- भारत का नागरिक
- उम्र - 35 वर्ष या उससे अधिक आयु
- लोकसभा सदस्य चुने जाने की योग्यता
- लाभ का पद नहीं

✡ निर्वाचन पद्धति

- अप्रत्यक्ष मतदान
- आनुपातिक प्रतिनिधित्व
- एकल संक्रमणीय
- गुप्त मतदान

जमानत राशि - ₹15000

50 प्रस्तावक + 50 अनुमोदक

चुनावी विवाद निपटारा
↓ (अनु॰-71)
उच्चतम न्यायालय

राष्ट्र कानून का या शर्तों से महान

Trick (52-61)	अनु॰	संबंधित प्रावधान
राष्ट्र	52	भारत का राष्ट्रपति
का	53	कार्यपालिका शक्ति
नू	54	निर्वाचन मंडल
न	55	निर्वाचन प्रक्रिया
का	57	पुनर्निर्वाचन/कार्यकाल
या	58	योग्यता
शर्तों	59	पद के लिए शर्तें
से	60	शपथ
महान	61	महाभियोग
	62	आकस्मिक रिक्ति
	72	क्षमादान शक्ति
	73	शक्ति विस्तार

✡ निर्वाचक मंडल

- लोकसभा + राज्यसभा + राज्य व केन्द्रशासित प्रदेश विधानसभा } —निर्वाचित→ सांसद + विधायक
- राज्य विधानपरिषद सदस्य + मनोनीत सदस्य } मतदान अधिकार नहीं

✡ **शपथ** → सुप्रीम कोर्ट के मुख्य न्यायाधीश —Absent→ वरिष्ठतम न्यायाधीश

✡ **त्यागपत्र** → उपराष्ट्रपति को

✡ कार्यकाल → 5 वर्ष

↓ मृत्यु / इस्तीफा / महाभियोग

उपराष्ट्रपति (राष्ट्रपति रूप में)

→ पद की शर्तें

↓

संघ / राज्य के अधीन सदस्य नहीं

✡ पुनर्निर्वाचन
- बाध्यता नहीं (कितनी भी बार)
- सर्वाधिक कार्यकाल – डा॰ राजेन्द्र प्रसाद (2 बार)

↓

अमेरिका (max- 2 बार) → देशीयकरण नागरिक → राष्ट्रपति उम्मीदवार का पात्र नहीं

↳ भारत में राष्ट्रपति उम्मीदवार का पात्र

✡ वेतन ↷
- ₹ 5 लाख (भारत की संचित निधि से)

राजकीय आवास:

राष्ट्रपति भवन

↳ वास्तुकार - एडविन लुटियंस

नये नाम →
- मुगल गार्डन – अमृत उद्यान
- दरबार हाल – गणतंत्र मंडप
- अशोक हाल – अशोक मंडप

महाभियोग:
- अर्द्धन्यायिक प्रक्रिया

↳ किसी भी सदन में (LS/ RS) → 14 दिन पूर्व राष्ट्रपति को सूचना

↓ both house

→ सदन के 1/4 सदस्यों के हस्ताक्षर अनिवार्य → सदन की कुल सदस्य संख्या का बहुमत – 2/3

↳ राष्ट्रपति अपदस्थ

विधायक < मतदान (✓), महाभियोग (✗)

मनोनीत सांसद < मतदान (✗), महाभियोग (✓)

अधिकार एवं कर्तव्य

1. कार्यपालिका संबंधी:
- नियुक्ति संबंधी
  - → PM व मंत्रिपरिषद
  - → राज्यपाल
  - → न्यायाधीश (SC + HC)
  - → आयोगों के अध्यक्ष
- राजनायिकों की नियुक्ति

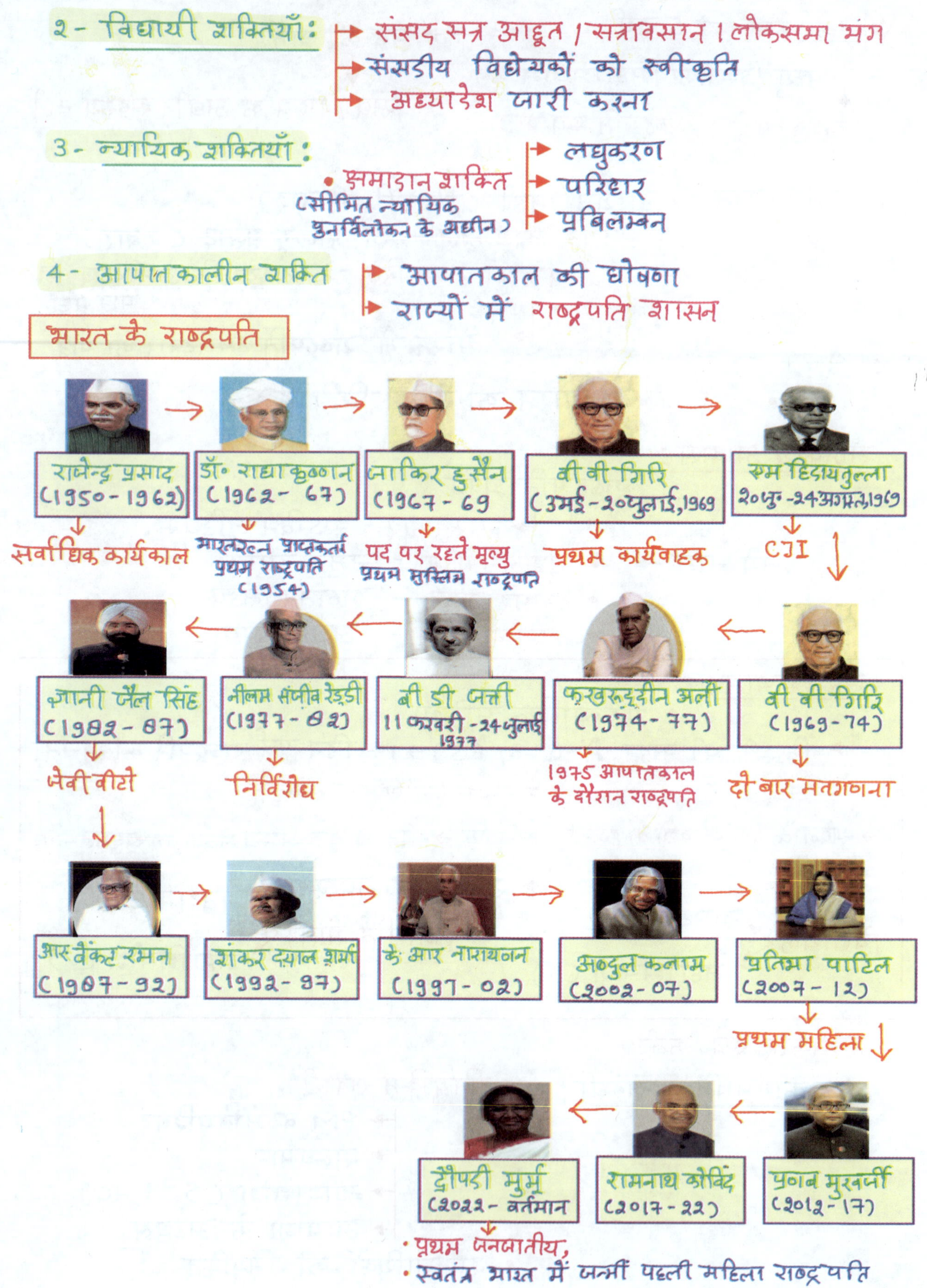

2- विधायी शक्तियाँ:
- संसद सत्र आहूत / सत्रावसान / लोकसभा भंग
- संसदीय विधेयकों को स्वीकृति
- अध्यादेश जारी करना

3- न्यायिक शक्तियाँ:

• क्षमादान शक्ति (सीमित न्यायिक पुनर्विलोकन के अधीन)
- लघुकरण
- परिहार
- प्रविलम्बन

4- आपातकालीन शक्ति
- आपातकाल की घोषणा
- राज्यों में राष्ट्रपति शासन

भारत के राष्ट्रपति

11 केन्द्रीय कार्यपालिका (प्रधानमंत्री तथा मंत्रिपरिषद्)

कार्यपालिका के प्रकार

- सामूहिक नेतृत्व के सिद्धांत पर आधारित प्रणाली
  - संसदीय
  - अर्ध-अध्यक्षात्मक
- एक व्यक्ति के नेतृत्व के सिद्धांत पर आधारित प्रणाली
  - अध्यक्षात्मक

संसदीय

सरकार के प्रमुख को आमतौर पर प्रधानमंत्री कहते हैं।

वह विधायिका में बहुमत वाले दल का नेता होता है

वह विधायिका के प्रति जवाबदेह होता है।

देश का प्रमुख इनमे से कोई भी हो सकता है।

अर्ध-अध्यक्षात्मक

राष्ट्रपति देश का प्रमुख होता है।

प्रधानमंत्री सरकार का प्रमुख होता है।

प्रधानमंत्री और उसका मंत्रिपरिषद विधायिका के प्रति जवाबदेह होता है।

अध्यक्षात्मक

राष्ट्रपति देश का प्रमुख होता है।

वही सरकार का भी प्रमुख होता है।

राष्ट्रपति का चुनाव आमतौर पर प्रत्यक्ष मतदान से होता है।

वह विधायिका के प्रति जवाबदेह नहीं होता

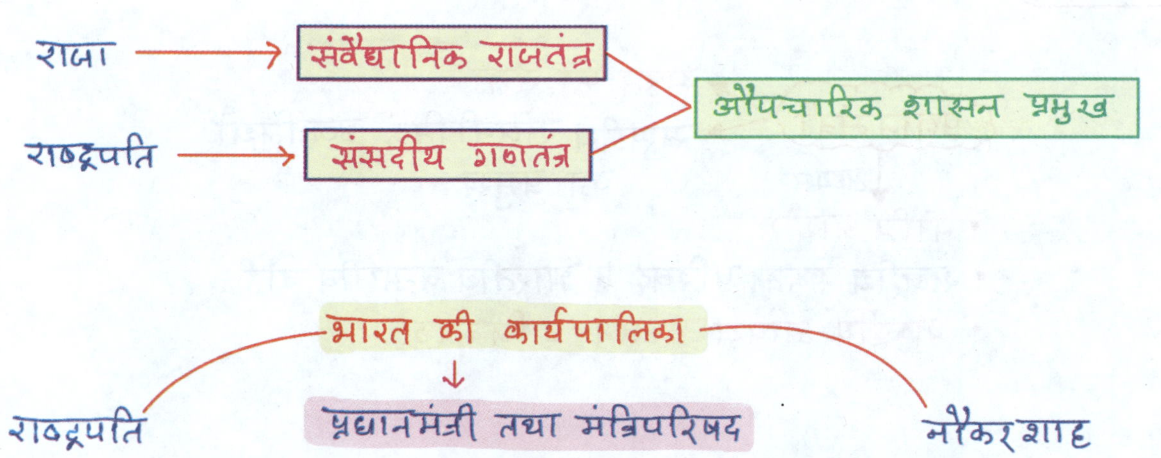

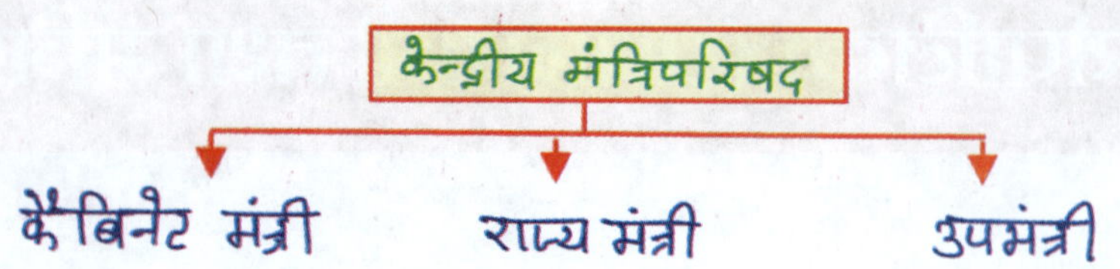

मंत्रिपरिषद

- राष्ट्रपति को सलाह व परामर्श
  - पहली बार बाध्यकारी नहीं
  - दूसरी बार बाध्यकारी
- विश्वास मत खोने पर सामूहिक इस्तीफा
- लोकसभा के प्रति उत्तरदायी

मंत्रिमंडल सहमति के बिना राष्ट्रपति द्वारा राष्ट्रीय आपातकाल की घोषणा नहीं (44वां संशोधन)

योग्यता

- भारत का नागरिक
- उम्र – लोकसभा सदस्य – 25 वर्ष या उससे अधिक
  राज्यसभा – 30 वर्ष या उससे अधिक
- संसद सदस्य
  (अगर नहीं तो 6 महीने के अंदर बनना होगा)

कुल मंत्री → लोकसभा सदस्य का 15%
(अधिकतम – 81, PM सहित)
↓
91 वां संविधान संशोधन

प्रमुख अनुच्छेद	
74 –	मंत्रिपरिषद
75 –	PM व अन्य मंत्रियों की अर्हता नियुक्ति व कार्यकाल
75(1) –	PM की नियुक्ति राष्ट्रपति
75(2) –	मंत्रिपद राष्ट्रपति प्रसादपर्यन्त
77 –	सभी कार्य राष्ट्रपति के नामपर
78 –	मंत्रिपरिषद प्रस्तावों की सूचना राष्ट्रपति को

शपथ / नियुक्ति →
- प्रधानमंत्री —(नियुक्ति / त्यागपत्र)→ राष्ट्रपति
- अन्य मंत्री – प्रधानमंत्री की सिफारिश पर राष्ट्रपति द्वारा

वेतन / भत्ते → • 75(6) – भारत की संचित निधि से

कार्यकाल → • 5 वर्ष (लोकसभा विघटन तक)

प्रधानमंत्री
- सदन का नेता
- संसदीय राजनीतिक प्रणालियों का प्रमुख

अध्यक्ष
- नीति आयोग
- राष्ट्रीय एकता परिषद व भारतीय वन्यजीव बोर्ड
- राष्ट्रीय आपदा प्रबंधन प्राधिकरण

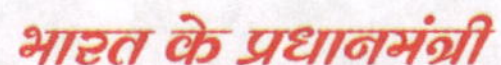

जवाहरलाल नेहरू	15 अगस्त, 1947-27 मई, 1964 (सबसे लंबा कार्यकाल)
गुलजारी लाल नंदा (कार्यवाहक)	27 मई, 1964-9 जून, 1964 सबसे वृद्ध प्रधानमंत्री
लालबहादुर शास्त्री	9 जून, 1964- 11 जनवरी, 1966 पद पर रहते हुए ताशकंद में निधन
गुलजारी लाल नंदा (कार्यवाहक)	11 जनवरी, 1966- 24 जनवरी, 1966
इंदिरा गाँधी	24 जनवरी, 1966- 24 मार्च, 1977 ऐसी प्रथम प्रधानमंत्री, जो पद ग्रहण के समय राज्यसभा की सदस्य थीं।
मोरारजी देसाई	24 मार्च, 1977- 28 जुलाई, 1979 प्रथम गैर-कांग्रेसी प्रधानमंत्री
चरण सिंह	28 जुलाई, 1979-14 जनवरी, 1980 एकमात्र प्रधानमंत्री, जिन्होंने लोकसभा का सामना नहीं किया
इंदिरा गाँधी	14 जनवरी, 1980-31 अक्टूबर, 1984
राजीव गाँधी	31 अक्टूबर, 1984- 10 नवंबर, 1989

केंद्रीय सरकार 1989 के बाद

प्रधानमंत्री	कार्यकाल	विशेष
वी.पी. सिंह	2 दिसंबर, 1989 – 10 नवंबर, 1990	अविश्वास प्रस्ताव द्वारा हटने वाले पहले प्रधानमंत्री
चंद्रशेखर	10 नवंबर, 1990 – 21 जून, 1991	कांग्रेस के समर्थन से सरकार का गठन, समर्थन वापसी पर इस्तीफा देना पड़ा
पी.वी. नरसिम्हा राव	21 जून, 1991 – 16 मई, 1996	आर्थिक सुधारों को लागू करने वाले प्रधानमंत्री
अटल बिहारी वाजपेयी	16 मई, 1996 – 1 जून, 1996	सबसे छोटा कार्यकाल
एच. डी. देवगौड़ा	1 जून, 1996 – 21 अप्रैल, 1997	एकमात्र प्रधानमंत्री, जो पद ग्रहण के समय विधानसभा के सदस्य थे
इंद्र कुमार गुजराल	21 अप्रैल, 1997 – 18 मार्च, 1998	
अटल बिहारी वाजपेयी	19 मार्च, 1998 – 22 मई, 2004	भाजपा राष्ट्रीय जनतांत्रिक गठबंधन की पहली सरकार
डॉ. मनमोहन सिंह	22 मई, 2004 – 26 मई, 2014	
नरेंद्र मोदी	26 मई, 2014 – अब तक	स्वतंत्रता के बाद जन्म लेने वाले प्रथम प्रधानमंत्री

दिसम्बर, 2025 के अनुसार

महान्यायवादी:
- भाग-V, अनु. 76
- प्रथम विधि अधिकारी (मुख्य कानूनी सलाहकार)
- राष्ट्रपति को विविध मामलों में परामर्श
- दोनों सदनों की कार्यवाही में भाग → परन्तु मतदान अधिकार नहीं
- निजी कानूनी अभ्यास से वंचित नहीं

नियुक्ति - 76(1) - राष्ट्रपति द्वारा
+ वेतन व सेवा की शर्तें
योग्यता - सुप्रीम कोर्ट का न्यायाधीश चुने जाने की
* प्रथम महान्यायवादी - एम. सी. सीतलवाड़
* वर्तमान - आर वेंकटरमणी (2025)

Trick केन्द्र-राज्य समकक्ष अनुच्छेद +89 Rule

प्रधानमंत्री (74) —+89→ मुख्यमंत्री (163)
राष्ट्रपति क्षमादान (72) —+89→ राज्यपाल क्षमादान (161)
महान्यायवादी (76) —+89→ महाधिवक्ता (165)
संसद (79) —+89→ विधानमंडल (168)
राज्यसभा (80) —+89→ विधानपरिषद (169)
लोकसभा (81) —+89→ विधानसभा (170)

12 संसद

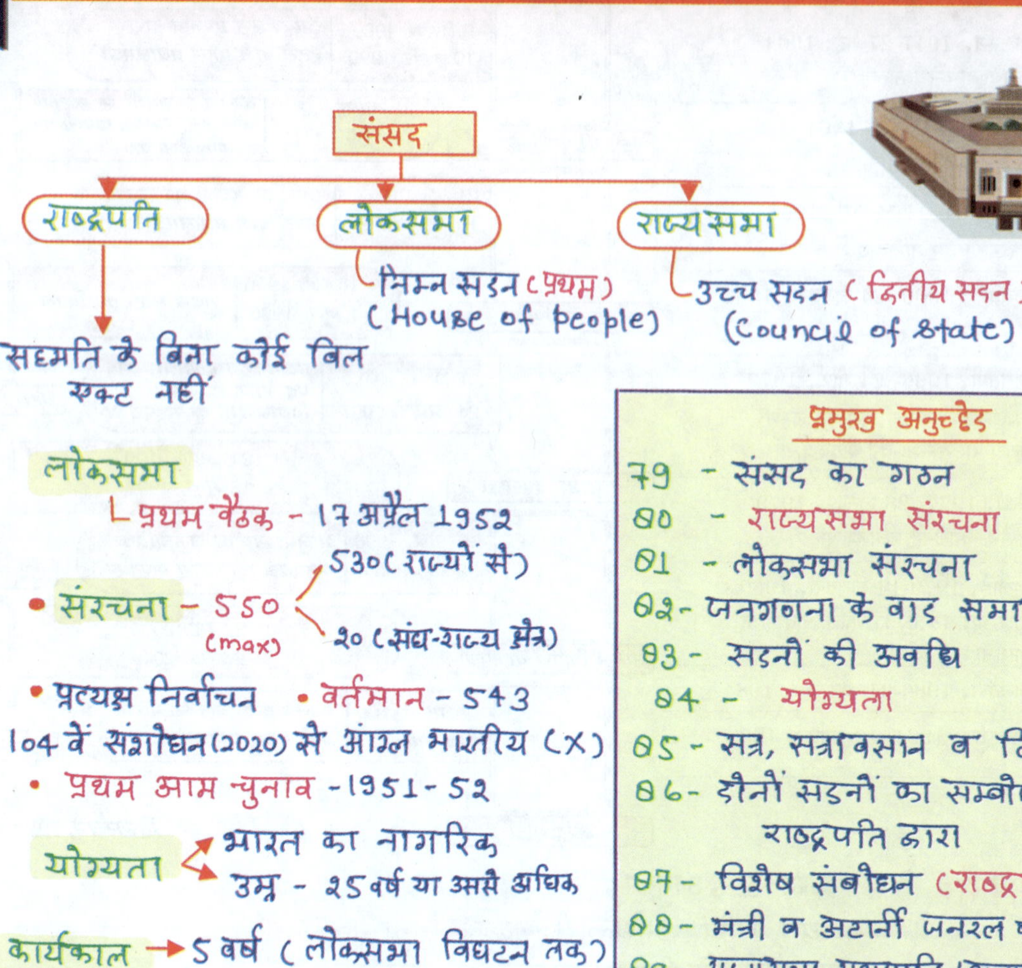

संसद
- राष्ट्रपति → सहमति के बिना कोई बिल एक्ट नहीं
- लोकसभा └ निम्न सदन (प्रथम) (House of People)
- राज्यसभा └ उच्च सदन (द्वितीय सदन) (Council of State)

प्रमुख अनुच्छेद

- 79 - संसद का गठन
- 80 - राज्यसभा संरचना
- 81 - लोकसभा संरचना
- 82 - जनगणना के बाद समायोजन
- 83 - सदनों की अवधि
- 84 - योग्यता
- 85 - सत्र, सत्रावसान व विघटन
- 86 - दोनों सदनों का सम्बोधन राष्ट्रपति द्वारा
- 87 - विशेष संबोधन (राष्ट्रपति का)
- 88 - मंत्री व अटार्नी जनरल का अधिकार
- 89 - राज्यसभा सभापति / उपसभापति
- 90 - सभापति त्यागपत्र / अपदस्थता
- 91 - उपसभापति की शक्तियाँ
- 93 - लोकसभा अध्यक्ष / उपाध्यक्ष
- 94 - LS अध्यक्ष व उपाध्यक्ष पद रिक्ति
- 97 - वेतन / भत्ते (सभापति, उपसभापति अध्यक्ष, उपाध्यक्ष)
- 98 - संसद सचिवालय

लोकसभा

└ प्रथम बैठक - 17 अप्रैल 1952

- संरचना - 550 (max) < 530 (राज्यों से), 20 (संघ-राज्य क्षेत्र)
- प्रत्यक्ष निर्वाचन
- वर्तमान - 543
- 104 वें संशोधन (2020) से आंग्ल भारतीय (X)
- प्रथम आम चुनाव - 1951-52

योग्यता <
- भारत का नागरिक
- उम्र - 25 वर्ष या उससे अधिक

कार्यकाल → 5 वर्ष (लोकसभा विघटन तक)

- आपात स्थिति में एक बार में 1 वर्ष विस्तार → परन्तु आपातकाल खत्म होने पर 6 माह से अधिक नहीं

परिसीमन →

प्रत्येक जनगणना के पश्चात पुनः परिसीमन (LS सीट व राज्यों के निर्वाचन क्षेत्रों का)

- पहला परिसीमन आयोग - 1952 (अभी तक कुल 4 बार तीनअग्र: 1952, 1963, 1973, 2002)
  2026 तक संख्या में कोई बदलाव नहीं → 84वें संशोधन 2001 से

परिसीमन आयोग अधिनियम 1962, 1972, 2002 क्रमश:

राज्यसभा

- प्रथम बैठक - 13 मई 1952
- स्थायी सदन (विघटन नहीं)

संरचना →

- अधिकतम सदस्य - 250 <
  - 238 चयनित < 230 (राज्यों से), 8 (संघशासित)
  - 12 मनोनीत (साहित्य, कला, विज्ञान, समाज सेवा)

• वर्तमान - 245
- 225 (राज्य)
- 8 (U.T)
  - दिल्ली (3)
  - पुदुचेरी (1)
  - जम्मू कश्मीर (4)

निर्वाचन 80(4)
- अप्रत्यक्ष
- आनुपातिक प्रतिनिधित्व
- एकल संक्रमणीय

निर्वाचक मण्डल -
• राज्य विधान सभा के निर्वाचित सदस्यों द्वारा
• राज्य विधानमंडल के सदस्य
  └ शामिल नहीं

योग्यता • भारत का नागरिक
• उम्र - 30

कार्यकाल • 6 वर्ष
• एक तिहाई सदस्य हर दूसरे वर्ष सेवानिवृत्त
• पुन: निर्वाचन व मनोनयन के लिए पात्र

लोकसभा व राज्य सभा की राज्यवार सीटें एक दृष्टि में देखने के लिए QR कोड स्कैन करें

लोकसभा अध्यक्ष (स्पीकर)

• सदस्यों के बीच से 1 अध्यक्ष व 1 उपाध्यक्ष का चुनाव
• संयुक्त बैठक की अध्यक्षता (अनु॰ 108)
  └ बैठक बुलाना → राष्ट्रपति द्वारा
• संसदीय समिति में सदस्यों की नियुक्ति
• बैठकों का स्थगन
• निर्णायक मत का अधिकार

संयुक्त बैठक → अध्यक्ष
↓ absent
उपाध्यक्ष
absent →
राज्यसभा उपाध्यक्ष

* I लोकसभा अध्यक्ष - G.V मावलंकर
वर्तमान - ओम बिरला

* I महिला - मीरा कुमार

पद रिक्ति → • अध्यक्ष ⇌ (त्यागपत्र) उपाध्यक्ष

• तत्कालीन सदस्यों द्वारा पारित बहुमत से (अपदस्थता)
  └ 14 दिन पूर्व सूचना
• लोकसभा भंग होने के बाद भी अध्यक्ष अगली लोकसभा की पहली बैठक तक पद पर

प्रोटेम स्पीकर → आम चुनाव के बाद LS का सबसे वरिष्ठ सदस्य
  └ नियुक्ति - राष्ट्रपति द्वारा

कार्य- नव निर्वाचित सदस्यों को शपथ दिलाना, नये स्पीकर का चुनाव करना

राज्यसभा - सभापति। उपसभापति → • 89(1) - उपराष्ट्रपति - सभापति
• उपराष्ट्रपति किसी सदन का सदस्य नहीं
• उपसभापति पदरिक्ति, त्यागपत्र व अपदस्थता
  └ सभापति को └ राज्यसभा के बहुमत से

- सभापति व उपसभापति —Absent→ 10 लोगों की समिति में एक व्यक्ति
  - Absent — राष्ट्रपति द्वारा किसी को अध्यक्ष
- विचाराधीन अपदस्थता → सभापति / उपसभापति द्वारा अध्यक्षता नहीं

संसद सदस्य - वेतन / भत्ते
  └ संसद द्वारा निर्धारित — भारत की संचित निधि से

शपथ → 3rd अनुसूची

अयोग्यताएँ : (अनु०-102)

- पागल दिवालिया नहीं
- 2 वर्ष से ज्यादा सजा नहीं (आपराधिक मामला)
- 60 दिन बिना पूर्व सूचना अनुपस्थित
- दल - बदल (52वाँ संशोधन 1985)
  └ 10 वीं अनुसूची

दल-बदल की शर्तें

(a) स्वतंत्र सदस्य किसी राजनीतिक दल में शामिल
(b) मनोनीत सदस्य किसी दल में (6 महीने बाद)
(c) व्हिप (Whip) न मानना
(d) किसी सांसद का अन्य दल में शामिल होना
  └ अपवाद → 2/3 सदस्य शामिल या पार्टी विलय

- दल-बदल अयोग्यता —निर्णय→ पीठासीन अधिकारी
- सदस्यों की अयोग्यता → राष्ट्रपति (अनु· 103)
  └ चुनाव आयोग की सलाह पर

प्रमुख वाद : किहोतो होलोहान Vs जचिल्हु वाद (1992)
↳ पीठासीन अधिकारी का निर्णय अंतिम
↓
न्यायपालिका Review कर सकती है।

विशेषाधिकार

- संसद में बोलने का (कोई मुद्दा या मंत्री के विरुद्ध)
  └ वाद योग्य नहीं
- सत्र प्रारम्भ के 40 दिन पहले व बाद गिरफ्तारी नहीं (दीवानी मामलों में)
- फौजदारी मामलों में गिरफ्तारी संभव

संसद सत्र, सत्रावसान व विघटन

3 सत्र

- बजट सत्र (फरवरी - मई)
- मानसून सत्र (जुलाई - सितम्बर)
- शीतकालीन सत्र (सबसे छोटा) (नवंबर - दिसम्बर)

- सत्र बुलाना / सत्रावसान — राष्ट्रपति
- स्थगन - अध्यक्ष या सभापति

- प्रश्नकाल (11 am - 12 pm)
- शून्यकाल (12 pm - 1 pm)

* साइने डाई
  - अगली तिथि घोषित किए बिना सदन स्थगन

* लैमडक: लोकसभा सदस्य जो LS हेतु निर्वाचित नहीं हो पाते
  - अमेरिकी कांग्रेस से

- सदन संबोधन व संदेश भेजने का राष्ट्रपति का अधिकार
- राष्ट्रपति का विशेष संबोधन
  - motion of thanks
    - नई लोकसभा पर
    - नव वर्ष पर पहला सत्र

संसदीय विधेयक (अनु.-107) ▶ • विधेयक किसी भी सदन में

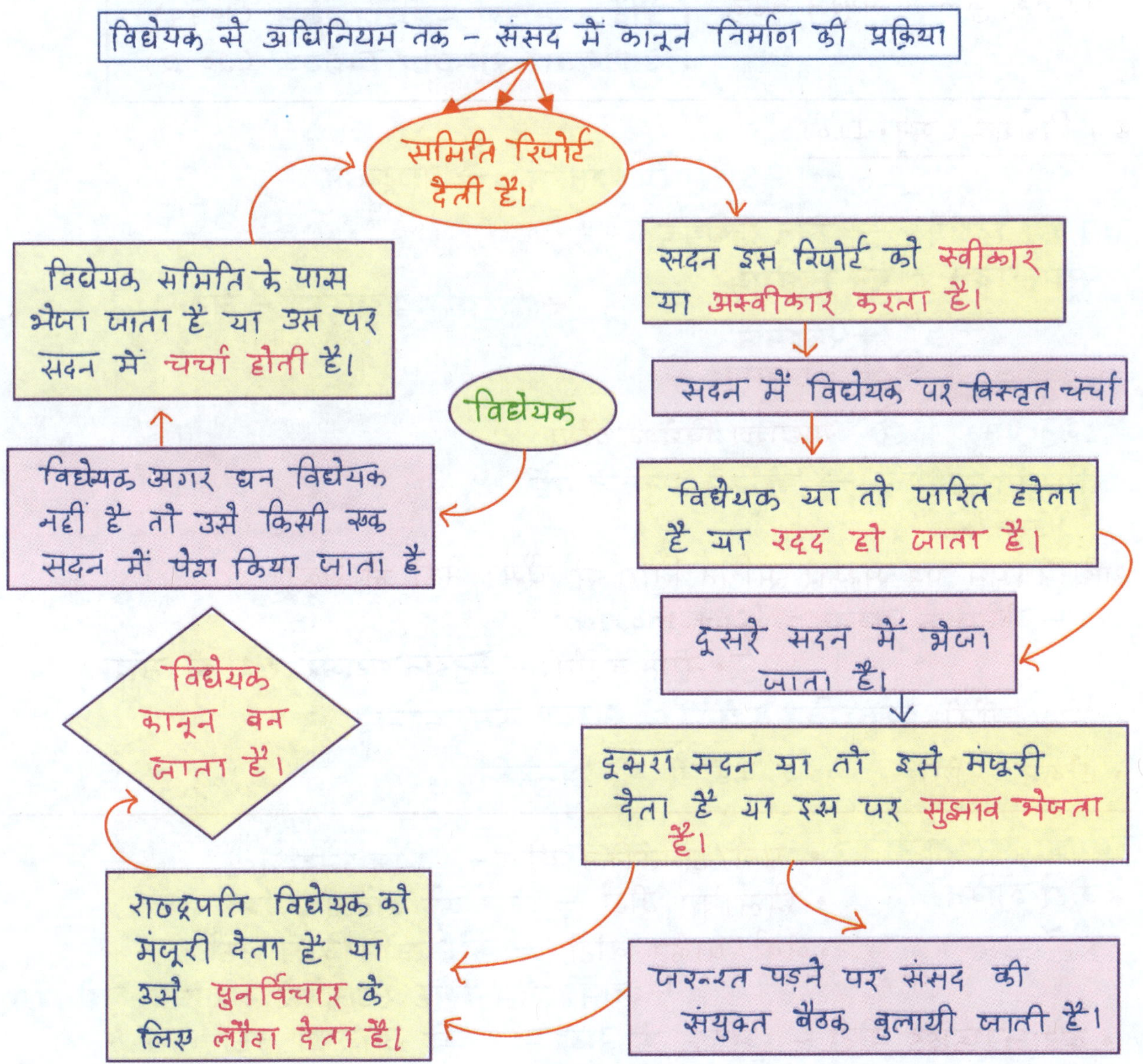

प्रमुख बिल

- साधारण विधेयक
  - सार्वजनिक (7 दिन नोटिस)
    - • संयुक्त बैठक का प्रावधान
  - निजी (30 दिन)
    - निजी सदस्य द्वारा (जो मंत्री नहीं)
- धन विधेयक — राष्ट्रपति की सहमति से
  - ↓ हाँ/नहीं
  - फैसला - LS अध्यक्ष
  - ↓ केवल LS में
  - राज्यसभा मात्र 14 दिन अवरुद्ध (संशोधन शक्ति नहीं)
    - └ संयुक्त बैठक का प्रावधान नहीं
- संविधान संशोधन विधेयक
  - • संयुक्त बैठक नहीं

अब तक कुल 3 संयुक्त बैठक	• दहेज प्रतिषेध बिल (1961) • बैंकिंग सर्विस कमीशन बिल (1977) • आतंकवाद रोकथाम विधेयक (2002)

• धन विधेयक (अनु. 110)

└ LS → RS (सीमित शक्ति) → राष्ट्रपति

* सभी धन विधेयक → वित्त विधेयक

सभी वित्त ≠ धन विधेयक

*राष्ट्रपति अध्यादेश – अनु. 123

• वित्तीय विधेयक (अनु. 117)
- ① राष्ट्रपति, लोकसभा
- ② साधारण विधेयक जैसा

• विनियोग विधेयक → वोटिंग अनुमति नहीं

↓ अनु. 114

अधिनियमन पर सरकार संचित निधि से पैसा नहीं ले सकती

└ वोटिंग के समय – 'Cut Motion'

└ • नीति कटौती – अनुदान घटाकर ₹1 की माँग

• आर्थिक कटौती – प्रस्तावित कटौती के अनुरूप कम करना

• टोकन कटौती – 100 ₹ कटौती की अनुमति

विधेयकों पर सहमति :

• वीटो शक्ति → Negative
- • पूर्ण/अत्यांकित वीटो – बिल निरस्त
- • निलंबित वीटो – बिल को वापस करना
- • जेबी/पाकेट वीटो – कोई प्रतिक्रिया नहीं
  - └ ज्ञानी जैल सिंह (डाक घर संशोधन विधेयक)

• क्वालीफाइड वीटो – भारत के राष्ट्रपति को उपलब्ध नहीं

→ संविधान संशोधन विधेयक – राष्ट्रपति को वीटो शक्ति नहीं
└ 24वाँ संविधान संशोधन अधिनियम, 1971

संसद के प्रमुख प्रस्ताव

मूल प्रस्ताव : • स्वयं में पूर्ण स्वतंत्र (किसी पर निर्भर नहीं)
उदाहरण – स्थगन प्रस्ताव, धन्यवाद प्रस्ताव

अविश्वास प्रस्ताव :
- केवल लोकसभा में
- सम्पूर्ण मंत्रिपरिषद के विरुद्ध
- कम से कम 50 विपक्षी सदस्यों का समर्थन
- कारण बताने की आवश्यकता नहीं
- पारित होने पर सरकार का त्यागपत्र

* प्रथम अविश्वास प्रस्ताव – जेबी कृपलानी द्वारा 1963 में
└ नेहरू के खिलाफ → पारित नहीं

* अब तक कुल – 27
└ सर्वाधिक 15 (इंदिरा गाँधी के खिलाफ)

विश्वास प्रस्ताव :
- सत्ता पक्ष द्वारा राष्ट्रपति के निर्देश पर
- लोकसभा में बहुमत सिद्ध करने के लिए

निन्दा प्रस्ताव :
- सदन की अनुमति आवश्यक नहीं
- प्रस्ताव का कारण बताना आवश्यक
- एक मंत्री या सम्पूर्ण मंत्रिपरिषद के विरुद्ध
- सरकार का त्यागपत्र नहीं

स्थगन प्रस्ताव (काम रोको प्रस्ताव):
- लोक महत्व के मुद्दे पर ध्यानाकर्षण के लिए
- केवल केन्द्रीय सरकार से संबंधित मामलों पर
- कम से कम 50 सदस्यों का समर्थन आवश्यक
- सरकार – त्यागपत्र नहीं लेकिन अपमानजनक

प्रमुख संसदीय समितियाँ

वित्तीय समितियाँ → लोकलेखा समिति, प्राक्कलन समिति, सार्वजनिक उपक्रम समिति

• लोक लेखा समिति – कुल सदस्य 22 (सबसे पुरानी)
- 15 – लोकसभा
- 7 – राज्यसभा

कार्य : विभिन्न मंत्रालयों के व्यय व CAG प्रतिवेदन पर विचार विमर्श → रिपोर्ट – लोकसभा को प्रस्तुत

अध्यक्ष – विपक्ष के प्रमुख सदस्य (सामान्यत:)

• प्राक्कलन समिति (सबसे बड़ी)

गठन - 1950

• सदस्य - 30 (सभी लोकसभा से)

कार्य - सरकार को वित्तीय नीतियों के संबंध में सुझाव

सार्वजनिक उपक्रम समिति:

गठन - 1964

• कृष्णा मेनन समिति के सुझाव पर

कुल सदस्य - 22
- 15 (LS)
- 7 (RS)

कार्य - CAG रिपोर्ट की जाँच
- सार्वजनिक कम्पनियों के लेखों की जाँच करना

• विशेषाधिकार समिति: सदस्य - 15
- 10 (लोकसभा)
- 5 (राज्यसभा)

कार्य - विशेषाधिकार उल्लंघन से संबंधित मामलों का परीक्षण

• प्रवर समिति: सदस्य
- 30 (LS)
- 30 (RS)

} जो भी सदन गठित करे (लोकसभा या राज्यसभा)

कार्य - विशेष विधेयकों पर जाँच एवं विचार

संयुक्त प्रवर समिति:

कुल सदस्य 45
- 30 (LS)
- 15 (RS)

वार्षिक वित्तीय विवरण (अनु. 112)

• राष्ट्रपति द्वारा → सरकार की अनुमानित प्राप्तियों व व्यय का विवरण

* बजट शब्द - संविधान में वर्णित नही • पेश - वित्त मंत्री द्वारा

पहला - आर. के. षणमुखम चेट्टी द्वारा (26 नवंबर 1947)

वार्षिक वित्तीय विवरण
- संचित निधि के लिए राशि → मतदेय नहीं → वेतन / भत्ते आदि
- अन्य पूर्ति → सिर्फ लोकसभा में मतदान

• राज्यसभा → बजट शक्ति नहीं • केवल लोकसभा में मताधिकार

भारत सरकार निधि:

* संचित निधि (अनु. 266)(1) - कर (Public purse)
* आकस्मिकता निधि (267) → राष्ट्रपति → अप्रत्याशित खर्चों का वहन
* सार्वजनिक खाता (266)(2) - विभिन्न मंत्रालय के बचत खाते, आपदा प्रबंधन निधि भविष्य निधि, रक्षा कोष

13 राज्य कार्यपालिका

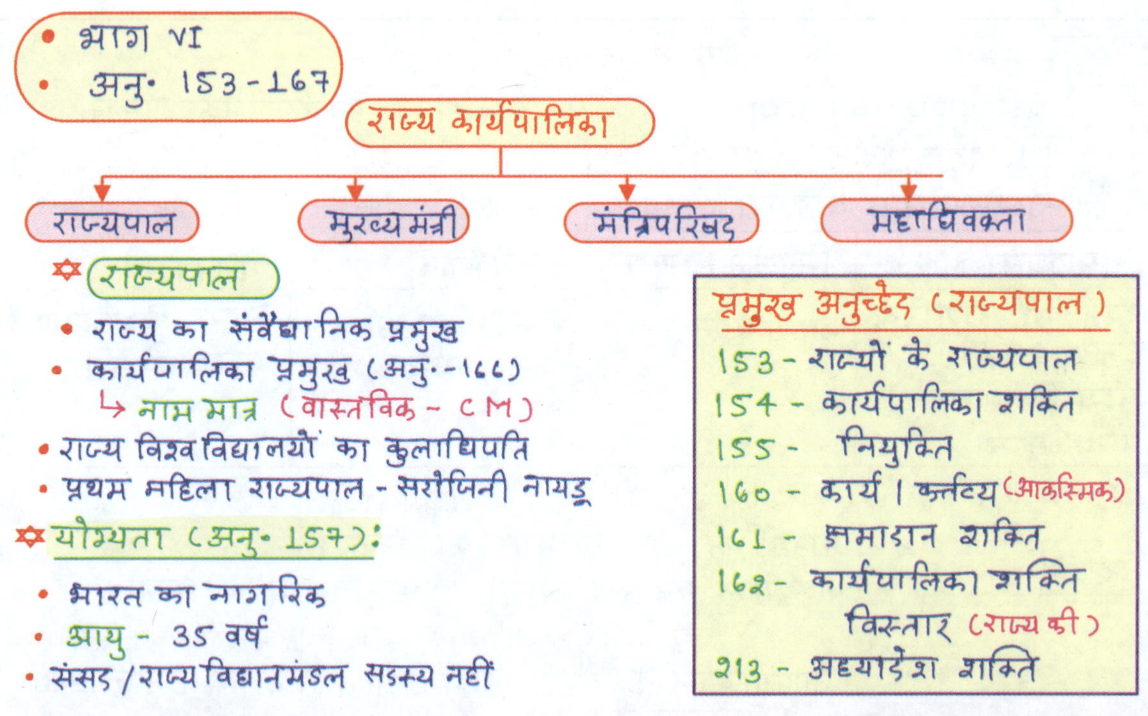

नियुक्ति। इस्तीफा	कार्यकाल	शपथ	वेतन। भत्ते
• राष्ट्रपति द्वारा	• 5 वर्ष (राष्ट्रपति के प्रसादपर्यन्त)	उच्च न्यायालय का न्यायाधीश	• 3.5 लाख प्रतिमाह • संसद द्वारा निर्धारित • राज्य की संचित निधि से

• एक से अधिक राज्य के राज्यपाल – वेतन राष्ट्रपति द्वारा निर्धारित

↳ 7 वां संशोधन 1956 द्वारा प्रावधान

राज्यपाल द्वारा नियुक्तियाँ
- राज्य लोक सेवा आयोग के अध्यक्ष
- राज्य महाधिवक्ता (अनु॰ 165)
- राज्य निर्वाचन आयोग के अध्यक्ष
- अधीनस्थ न्यायालय के न्यायाधीश (अनु॰ 233)
- राज्य विश्वविद्यालयों के कुलपति

प्रमुख शक्तियाँ
- सत्र बुलाना व सत्रावसान
- विधान परिषद में 1/6 सदस्यों को मनोनीत
- अध्यादेश शक्ति
- संवैधानिक तंत्र की विफलता पर राष्ट्रपति शासन की सिफारिश
- राज्य वित्त आयोग का गठन
- राज्य की आकस्मिक निधि का संचालन
- क्षमादान शक्ति (अनु॰ 161) → निलम्बन, परिहार, लघुकरण
  - मृत्यु दण्ड माफी
  - कोर्ट मार्शल, सजा माफी } अधिकार नहीं

UPDATE सर्वोच्च न्यायालय का वाद (२०२५): राज्यपाल बनाम तमिलनाडु राज्य

- न्यायमूर्ति जे. पारडीवाला और आर. महादेवन ने राज्यपाल की विवेकाधीन शक्तियों को सीमित किया
- राज्यपाल द्वारा अनु. २०० के तहत मंत्रिपरिषद की सहायता व सलाह पर ही विधेयकों पर कार्यवाही करनी चाहिए

मुख्यमंत्री

- मंत्रिपरिषद का प्रधान
  - ∟ बहुमत दल का नेता (विधानसभा का भी नेता)
- वास्तविक कार्यपालिका प्रमुख
- राज्य योजना बोर्ड का अध्यक्ष

योग्यता	नियुक्ति/शपथ	कार्यकाल	वेतन/भत्ते
• भारत का नागरिक • उम्र - 25 वर्ष • राज्य विधानसभा/परिषद सदस्य	• राज्यपाल द्वारा (अनु. 164(1))	• राज्यपाल के प्रसादपर्यन्त सामान्यत: - 5 वर्ष	• राज्य विधानमंडल द्वारा निर्धारित

प्रमुख शक्तियाँ
- मंत्रिपरिषद बैठकों की अध्यक्षता
- मंत्रियों के बीच विभागों का बँटवारा
- राज्यपाल को सत्र आहूत व सत्रावसान की सलाह
  - ∟ मंत्रियों की नियुक्ति व बर्खास्तगी की सलाह
- आपातकाल के दौरान राजनीतिक स्तर पर प्रमुख प्रबंधक

मंत्रिपरिषद

- राज्यपाल की सहायता व परामर्श के लिए

योग्यता	नियुक्ति	संख्या
• राज्य विधान मंडल का सदस्य ↓ यदि नहीं 6 महीने के अंदर बनना होगा	• मुख्यमंत्री की सलाह पर राज्यपाल द्वारा ↓ विधानसभा के प्रति उत्तरदायी	15% (विधानसभा सदस्य) से अधिक नहीं ↓ 12 मंत्री से कम नहीं (91 वें संशोधन द्वारा) • दिल्ली में सिर्फ 10% मंत्री (अधिकतम - 7) → 69 वाँ संशोधन अधिनियम

- मंत्रियों को समिति में बोलने व भाग लेने का अधिकार → वोट का नहीं

राज्य महाधिवक्ता — अनु. 165

- राज्य का सर्वोच्च कानूनी अधिकारी
- योग्यता - उच्च न्यायालय के न्यायाधीश की
- नियुक्ति - राज्यपाल द्वारा
- मुख्य कार्य - कानूनी मामलों पर राज्य सरकार की सलाह
- कार्यकाल - राज्यपाल के प्रसादपर्यन्त
- सदन की कार्यवाही में भाग - मताधिकार नहीं

14 राज्य विधानमंडल

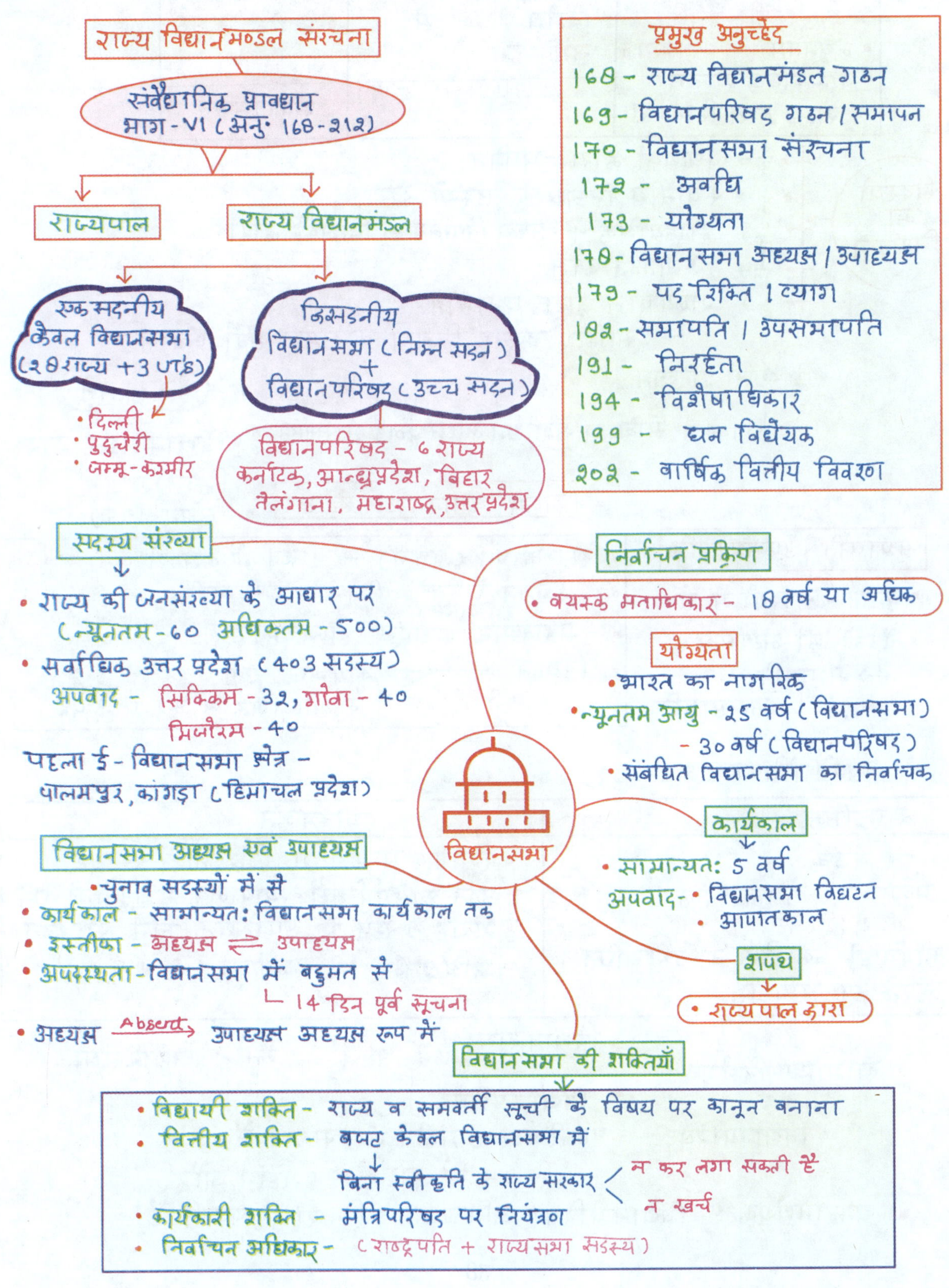

विधान परिषद

- उच्च सदन
- स्थायी निकाय (विघटन नहीं)
- निर्माण व समाप्ति शक्ति - संसद को

संरचना	गठन	कार्यकाल
• विधानसभा का 1/3 (अधिकतम) • न्यूनतम - 40 (सदस्य) • वास्तविक संख्या संसद द्वारा निर्धारित	• विधानसभा के विशेष बहुमत से संसद द्वारा └ साधारण बहुमत	• 6 वर्ष • प्रत्येक 2 वर्ष में $\frac{1}{3}^{rd}$ सेवानिवृत्त

सदस्यों का निर्वाचन

- $\frac{1}{3}$ → विधायकों द्वारा चयनित
- $\frac{1}{3}$ → स्थानीय निकाय के सदस्यों द्वारा
- $\frac{1}{12}$ → माध्यमिक + उच्च विद्यालय के शिक्षकों द्वारा
- $\frac{1}{12}$ → स्नातकों द्वारा
- $\frac{1}{6}$ → राज्यपाल द्वारा मनोनीत
  - ↳ (साहित्य, कला, विज्ञान व समाज सेवा क्षेत्र से)

1 एंग्लो इंडियन

↳ 104 वें संविधान संशोधन अधि॰ 2019 से समाप्त

वेतन / भत्ते

- विधान मंडल द्वारा निर्धारित (अनु॰ 195)

राज्य विधान मंडल के सत्र

- सत्र बुलाना (आहूत) → 1 वर्ष में कम से कम 2 बैठक
- स्थगन → (शक्ति) पीठासीन अधिकारी
- सत्रावसान / सत्राहूत - राज्यपाल द्वारा
- विघटन (केवल विधानसभा) → कार्यकाल पूर्ण
  - → बहुमत सिद्ध न कर पाने पर

सभापति / उपसभापति

- चुनाव - सदस्यों में से
- बैठकों की अध्यक्षता
  - ↳ सभापति
  - absent └ उपसभापति

विशेषाधिकार (अनु॰ 194)

सामूहिक	व्यक्तिगत
• गुप्त बैठक • अवमानना के लिए दण्ड (सदस्य / गैर-सदस्य) • कार्यवाही प्रकाशित व प्रतिबंधित करने का अधिकार	• सिविल मामलों में गिरफ्तारी से छूट • सदन की कार्यवाही - न्यायालय में चुनौती नहीं • गवाह के रूप में उपस्थित होने से स्वतंत्र • अभिव्यक्ति की स्वतंत्रता (सदन में)

- सामान्य विधेयक: → विधानसभा / → विधानपरिषद } अन्तिम शक्ति → विधानसभा

विधानपरिषद — पहली बार 3 महीने रोक सकती है

└ 3 महीने बाद → 1 महीने और

- धन विधेयक : विधानपरिषद अधिकतम 14 दिन रोक सकती है।

15 सर्वोच्च न्यायालय (भाग V, अनुच्छेद 124-147)

न्यायपालिका की संरचना

भारत का सर्वोच्च न्यायालय
- फैसले सभी अदालतों में मान्य
- उच्च न्यायालय के न्यायाधीशों का तबादला करने की शक्ति
- किसी भी अदालत का मुकदमा अपने पास हस्तांतरण करने की शक्ति
- मूल अधिकारों से संबंधी रिट अधिकारिता शक्ति

उच्च न्यायालय
- निचली अदालतों के फैसले पर अपील की सुनवाई
- मौलिक अधिकारों के साथ-साथ अन्य अधिकारों को बहाल करने के लिए रिट जारी करना।
- राज्य के क्षेत्राधिकार में आने वाले मुकदमों का निपटारा
- अपने अधीनस्थ अदालतों का पर्यवेक्षण और नियंत्रण

जिला अदालत
- जिले में दायर मुकदमों की सुनवाई
- निचली अदालतों के फैसले पर की गई अपील की सुनवाई
- गंभीर किस्म के आपराधिक मामलों पर फैसला

अधीनस्थ न्यायालय
- फौजदारी और दीवानी किस्म के मुकदमों पर विचार

- भारत सरकार अधिनियम 1935 से गठन (प्रथम-1937)
- कोर्ट ऑफ रिकॉर्ड (Court of Record)
  - ↳ कार्यवाहियाँ, निर्णय और कार्य आधिकारिक रूप से दर्ज।
- कुल न्यायाधीश - 34 (1 मुख्य + 33 अन्य)
  - ↳ संसद कानून बनाकर कम / ज्यादा

नियुक्ति → राष्ट्रपति द्वारा ← अन्य न्यायाधीश

↓

वरिष्ठतम न्यायाधीश (CJI)

→ कॉलेजियम पद्धति द्वारा

- राष्ट्रीय न्यायिक नियुक्ति आयोग + 99वाँ संशोधन अधिनियम (S.P गुप्ता वाद) } असंवैधानिक ↓

(सुप्रीम कोर्ट एडवोकेट्स ऑन रिकार्ड एसोसिएसन एवं अनादर बनाम यूनियन ऑफ इण्डिया 2015 से)

- प्रथम मुख्य न्यायाधीश (सर्वोच्च न्यायालय में) → हरिलाल जे कानिया
- प्रथम महिला न्यायाधीश - फातिमा बीबी
- इन्दू मल्होत्रा — अधिवक्ता से सीधे → सर्वोच्च न्यायालय की न्यायाधीश

प्रमुख अनुच्छेद

124 - स्थापना / गठन

125 - वेतन

129 - अभिलेख न्यायालय

130 - स्थान / सीट (दिल्ली)

131 - मूल क्षेत्राधिकार

132, 133, 134 } अपीलीय क्षेत्राधिकार — 133 - सिविल, 134 - आपराधिक

137 - पुनर्विलोकन / समीक्षा

138 - क्षेत्राधिकार विस्तार

139 - रिट शक्तियाँ प्रदान करना

141 - S.C निर्णय सभी न्यायालय पर बाध्यकारी

143 - राष्ट्रपति की परामर्श शक्ति

योग्यता	शपथ / इस्तीफा	कार्यकाल
• भारत का नागरिक • 5 वर्ष तक उच्च न्यायालय का न्यायाधीश • 10 वर्ष तक अधिवक्ता (उच्च न्यायालय) • राष्ट्रपति की राय में विधिवेत्ता	• राष्ट्रपति	• 65 वर्ष तक

- मुख्य न्यायाधीश —absent→ कार्यवाहक └ राष्ट्रपति द्वारा

अपदस्थता ↓

- संसद की सिफारिश पर राष्ट्रपति द्वारा (न्यायाधीश जाँच अधि. 1968)

दोनों सदनों द्वारा पारित विशेष बहुमत से → कदाचार / असमर्थता आधार पर

└ उपस्थित मतदान करने वाले 2/3 सदस्य

↓ वी. रामास्वामी - 1991 (प्रस्ताव पारित नहीं)

लोकसभा - 100, राज्यसभा - 50 } सहमति आवश्यक

→ 3 सदस्यीय समिति

वेतन / भत्ते → • निर्धारण - संसद द्वारा (मुख्य - 2.8 लाख / माह) (अन्य - 2.5 लाख / माह)

└ भारत की संचित निधि से

भारत के सर्वोच्च न्यायालय का क्षेत्राधिकार

मौलिक (अनु॰ 131)
- भारत सरकार Vs राज्य (एक या अधिक)
- दो या दो से अधिक राज्यों के बीच विवादों का निपटारा

अपीलीय (अनु॰ 132)
दीवानी, फौजदारी तथा संवैधानिक सवालों से जुड़े अधीनस्थ न्यायालयों की अपील पर सुनवाई

सलाहकारी (अनु॰ 143)
जनहित मामलों तथा संवैधानिक मामलों पर राष्ट्रपति को सलाह

रिट (अनु॰-32)
मौलिक अधिकारों के उल्लंघन पर

विशेषाधिकार
किसी भी अधीनस्थ न्यायालय के फैसले पर विशेष याचिका के तहत सुनवाई का अधिकार

16 उच्च न्यायालय एवं अधीनस्थ न्यायालय

उच्च न्यायालय →
- भाग VI
- अनु॰ 214 - 231

↓

वर्तमान - 25

- 7 उच्च न्यायालय
  ↳ एक से अधिक संघ / राज्य क्षेत्र पर

दिल्ली, जम्मू-कश्मीर } संघ राज्य क्षेत्र का अपना उच्च न्यायालय

महत्वपूर्ण अनुच्छेद
214 - स्थापना (राज्यों के लिए)
215 - अभिलेख न्यायालय
216 - संरचना (गठन)
217 - नियुक्ति / योग्यता
219 - शपथ
222 - न्यायाधीशों का स्थानांतरण
225 - क्षेत्राधिकार
226 - रिट जारी करने की शक्ति
227 - अधीनस्थ न्यायालयों का अधीक्षण
228 - शक्तियों का अंतरण
231 - दो या अधिक राज्यों का एक उच्च न्यायालय (7वाँ संविधान संशोधन)

योग्यता

- भारत का नागरिक
- 10 वर्ष अधिवक्ता (उच्च न्यायालय / न्यायालय)
  अथवा
  10 वर्ष से अधिक न्यायिक कार्य का अनुभव

नियुक्ति

राष्ट्रपति द्वारा
↓
भारत के मुख्य न्यायाधीश
+
संबंधित राज्य के राज्यपाल } परामर्श से

कार्यकाल → 62 वर्ष तक

त्यागपत्र → राष्ट्रपति को

शपथ → राज्यपाल

कुल संख्या → 1 मुख्य + अन्य
↓
संख्या - राष्ट्रपति द्वारा निर्धारित

अपदस्थ संसद की सिफारिश पर राष्ट्रपति द्वारा
└ (S.C के न्यायाधीश जैसा)

वेतन / भत्ते

मुख्य न्यायाधीश - 2.5 लाख / माह
अन्य - 2.25 लाख / माह

वेतन - राज्य की संचित निधि
पेंशन - भारत की संचित निधि से

- मुख्य न्यायाधीश —Absent→ कार्यवाहक न्यायाधीश
  └ राष्ट्रपति द्वारा

क्षेत्राधिकार व शक्तियाँ

- मूल / आरम्भिक →
  - मूल अधिकार लागू करना
  - संविधान की व्याख्या संबंधी मामले का स्थानांतरण
    - └ अधीनस्थ से
  - संसद / राज्य विधान मंडल सदस्यों के चुनावी विवाद
- रिट क्षेत्राधिकार – रिट अधिकार मूल ढाँचे का हिस्सा।
  - ↓ सुप्रीम कोर्ट से अधिक (मूल अधिकार + अन्य अधिकार)
  - ↓ उच्चतम न्यायालय (चन्द्र कुमार मामला)
- अपीलीय :
  - दीवानी व फौजदारी दोनों मामलों पर
  - अधीनस्थ न्यायालयों की मौत की सजा
    - └ पुष्टि - उच्च न्यायालय (अपील हो या न हो)
- अभिलेख न्यायालय (सर्वोच्च न्यायालय - अनु. 129 व उच्च न्यायालय - अनु. 215 दोनों) के रूप में।
- न्यायिक समीक्षा की शक्ति

उच्च न्यायालय की अधिकारिता (संघ शासित क्षेत्र पर)

अंडमान व निकोबार → कलकत्ता उच्च न्यायालय

दादरा एवं नगर हवेली और दमन व दीव – महाराष्ट्र

लक्षद्वीप → कोच्चि (केरल)

पुदुचेरी → मद्रास उच्च न्यायालय (तमिलनाडु)

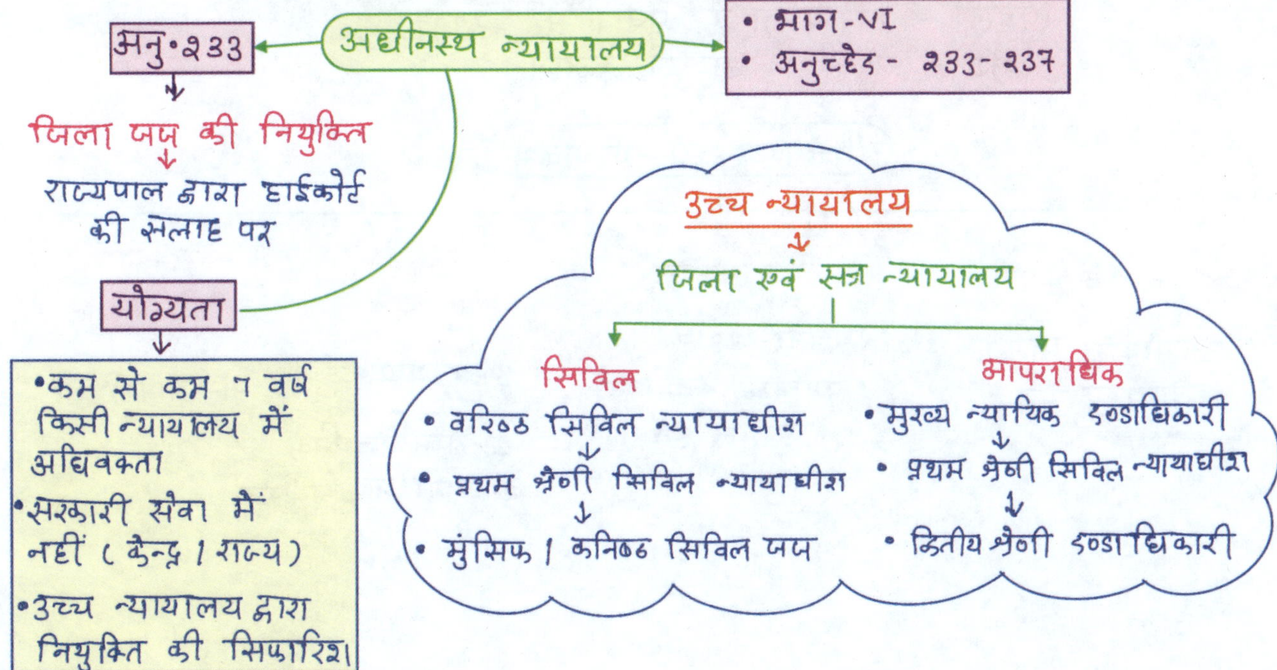

राजस्व संबंधी न्यायालय → राजस्व बोर्ड
- आयुक्त न्यायालय
- कलेक्टर न्यायालय
- तहसीलदार
- नायब

- **लोक अदालत** → जनता की अदालत
  ↓
  प्रथम - 6 अक्टूबर, 1985 (दिल्ली में)
  अध्यक्षता → पी. एन. भगवती
  - त्वरित न्याय व न्यूनतम खर्च की अवधारणा पर

- **ग्राम न्यायालय** → छोटे विवादों का ग्राम स्तर पर समाधान
  → गठन - राज्य सरकार संबंधित उच्च न्यायालय के परामर्श से
  ↓ उद्देश्य
  न्याय का विकेन्द्रीकरण

- **फास्ट ट्रैक कोर्ट** → आपराधिक मामलों के तीव्र निपटान हेतु

- **मोबाइल अदालत** → स्वयं जनता तक पहुँचकर न्याय
  ↓ संज्ञा
  पहियों का न्याय
  पहली - हरियाणा के मेवात में (2007)
  श्रेय - ए. पी. जे. अब्दुल कलाम

विशेष उद्देश्य न्यायालय

- **उपभोक्ता अदालत**
  ↓
  उपभोक्ता मामले समाधान हेतु
- **हरित अधिकरण**
  ↓
  स्थापना - 2010
  - पर्यावरण बचाव व संरक्षण हेतु
- **बाल व किशोर न्यायालय**
  ↓
  3 सदस्यीय बोर्ड
  ↓
  1 - मनोवैज्ञानिक
  2 - सामाजिक कार्यकर्ता
- **सेना न्यायालय/कोर्ट मार्शल**
  ↓
  सेना मामलों हेतु

भारत में उच्च न्यायालय

उच्च न्यायालय	स्थापना वर्ष	क्षेत्राधिकार	मुख्य पीठ	खंडपीठ
मद्रास	1862	तमिलनाडु, पुद्दुचेरी	चेन्नई	मदुरै
कलकता	1862	पश्चिम बंगाल, अंडमान-निकोबार द्वीप	कोलकाता	श्री विजयपुरम
बंबई	1862	महाराष्ट्र, गोवा, दादरा एवं नगर हवेली और दमन एवं दीव	बंबई	नागपुर, पणजी, औरंगाबाद
इलाहाबाद	1866	उत्तर प्रदेश	प्रयागराज	लखनऊ
कर्नाटक	1884	कर्नाटक	बंगलुरू	हुबली-धारवाड़ और गुलबर्गा
पटना	1916	बिहार	पटना	—
जम्मू एवं कश्मीर और लद्दाख	1928	जम्मू एवं कश्मीर, लद्दाख	श्रीनगर, जम्मू	—
मध्य प्रदेश	1936	मध्य प्रदेश	जबलपुर	इंदौर, ग्वालियर
गुवाहाटी	1948	असम, नागालैंड, मिजोरम, अरुणाचल प्रदेश	गुवाहाटी	कोहिमा, ईटानगर, आईजोल
उड़ीसा	1948	ओडिशा	कटक	–
राजस्थान	1949	राजस्थान	जोधपुर	जयपुर
केरल	1956	केरल, लक्षद्वीप	कोच्चि एर्नाकुलम	–
गुजरात	1960	गुजरात	अहमदाबाद	–
पंजाब एवं हरियाणा	1966	पंजाब, हरियाणा, चंडीगढ़	चंडीगढ़	—
दिल्ली	1966	दिल्ली	नई दिल्ली	–
हिमाचल प्रदेश	1971	हिमाचल प्रदेश	शिमला	–
सिक्किम	1975	सिक्किम	गंगटोक	–
छत्तीसगढ़	2000	छत्तीसगढ़	बिलासपुर	–
उत्तराखंड	2000	उत्तराखंड	नैनीताल	–
झारखंड	2000	झारखंड	राँची	–
मेघालय	2013	मेघालय	शिलांग	–
मणिपुर	2013	मणिपुर	इंफाल	–
त्रिपुरा	2013	त्रिपुरा	अगरतला	–
तेलंगाना	2019	तेलंगाना	हैदराबाद	–
आंध्र प्रदेश	2019	आंध्र प्रदेश	अमरावती	–

17 केन्द्र-राज्य सम्बन्ध

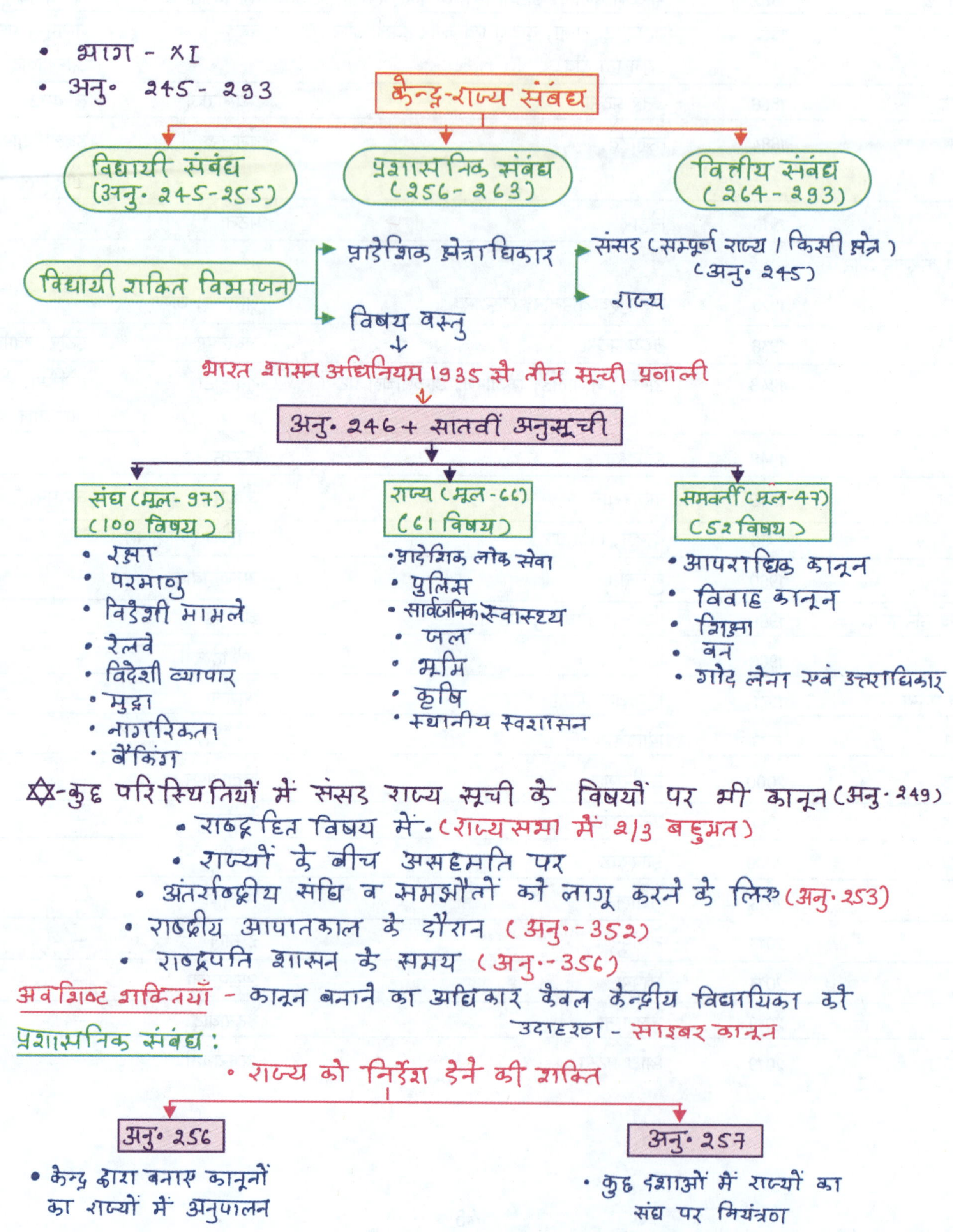

- भाग - XI
- अनु॰ 245 - 293

केन्द्र-राज्य संबंध

- विधायी संबंध (अनु॰ 245-255)
- प्रशासनिक संबंध (256-263)
- वित्तीय संबंध (264-293)

विधायी शक्ति विभाजन
- प्रादेशिक क्षेत्राधिकार
  - संसद (सम्पूर्ण राज्य / किसी क्षेत्र) (अनु॰ 245)
  - राज्य
- विषय वस्तु

भारत शासन अधिनियम 1935 से तीन सूची प्रणाली

अनु॰ 246 + सातवीं अनुसूची

संघ (मूल-97) (100 विषय)
- रक्षा
- परमाणु
- विदेशी मामले
- रेलवे
- विदेशी व्यापार
- मुद्रा
- नागरिकता
- बैंकिंग

राज्य (मूल-66) (61 विषय)
- प्रादेशिक लोक सेवा
- पुलिस
- सार्वजनिक स्वास्थ्य
- जल
- भूमि
- कृषि
- स्थानीय स्वशासन

समवर्ती (मूल-47) (52 विषय)
- आपराधिक कानून
- विवाह कानून
- शिक्षा
- वन
- गोद लेना एवं उत्तराधिकार

✡-कुछ परिस्थितियों में संसद राज्य सूची के विषयों पर भी कानून (अनु॰ 249)
- राष्ट्रहित विषय में॰ (राज्य सभा में 2/3 बहुमत)
- राज्यों के बीच असहमति पर
- अंतर्राष्ट्रीय संधि व समझौतों को लागू करने के लिए (अनु॰ 253)
- राष्ट्रीय आपातकाल के दौरान (अनु॰-352)
- राष्ट्रपति शासन के समय (अनु॰-356)

अवशिष्ट शक्तियाँ - कानून बनाने का अधिकार केवल केन्द्रीय विधायिका को

उदाहरण - साइबर कानून

प्रशासनिक संबंध :
- राज्य को निर्देश देने की शक्ति

अनु॰ 256
- केन्द्र द्वारा बनाए कानूनों का राज्यों में अनुपालन

अनु॰ 257
- कुछ दशाओं में राज्यों का संघ पर नियंत्रण

- एक-दूसरे को अपना कार्य सौंपना।
  - └ कठोरता में कमी व गतिरोध से बचने के लिए
- अखिल भारतीय सेवाएँ (भारतीय प्रशासनिक सेवा, भारतीय पुलिस सेवा) → संयुक्त नियंत्रण
  - पूर्ण नियंत्रण (केन्द्र)
    - नियुक्ति शक्ति
    - अनुशासनिक कार्रवाई
    - पदोन्नति व प्रशिक्षण
  - तात्कालिक नियंत्रण (राज्य)
    - निलंबित करने की शक्ति

वित्तीय संबंध:

- संघ द्वारा लगाए गए —परन्तु→ राज्य द्वारा वसूला (अनु॰ 268)
  - ↓ बिल ऑफ एक्सचेंज व वचनपत्र का स्टाम्प शुल्क
- संघ शासित क्षेत्र में → केन्द्र द्वारा
  - ↓ भारत की संचित निधि में जमा नहीं
- संघ व राज्यों में कर विभाजन (अनु॰ 269A)

वित्त आयोग (अनु॰ 280)

- अर्द्ध-न्यायिक निकाय
- गठन - राष्ट्रपति द्वारा प्रत्येक 5 वर्ष में (पहले भी)
- प्रथम अध्यक्ष - के॰ सी॰ नियोगी
- वर्तमान - अरविंद पनगढ़िया (16वाँ वित्त आयोग) — गठन ↓ 31 दिसम्बर, 2023

↓

संरचना: 1 अध्यक्ष + 4 अन्य } राष्ट्रपति द्वारा

↓

कार्यकाल:
- राष्ट्रपति द्वारा निर्धारित
- पुनर्नियुक्ति के पात्र

↓

योग्यता: संसद द्वारा निर्धारित

अन्य सदस्य → उच्च न्यायालय के न्यायाधीश की योग्यता
→ वित्त व लेखा मामलों का ज्ञान

↓

कार्य:
- संघ व राज्यों के बीच कर का बँटवारा
- संचित निधि से राज्यों के अनुदान के विषय में
- राष्ट्रपति द्वारा सौंपे गए मामले में सलाह
  - └ मानने के लिए बाध्य नहीं
- पंचायतों व नगरपालिका के संसाधन पूरक के लिए राज्य की समेकित निधि बढ़ाने के लिए आवश्यक उपाय

केन्द्र राज्य संबंध पर गठित आयोग:

1- सीतलवाड़ समिति (प्रशासनिक सुधार आयोग) - 1966
2- राजमन्नार समिति - 1969
3- सरकारिया आयोग - 1983
4- पुँछी आयोग - 2007

अंतर्राज्यीय परिषद:

स्थापना - अनु. 263
└─ राष्ट्रपति द्वारा लोकहित में

प्रमुख कार्य:

- केन्द्र तथा राज्यों के आपसी विवादों का समाधान
- राज्यों के मध्य उत्पन्न विवादों की जाँच करना
- नीतियों के क्रियान्वयन में समन्वय स्थापित करना

गठन का सुझाव → सरकारिया आयोग (1983-87)
↓
1990 में गठन (वी.पी. सिंह - जनता दल)
↓
19 मई, 2022 (पुनर्गठन - सहकारी संघवाद को बढ़ावा व सहयोग के लिए)

स्थायी सचिवालय की स्थापना की सिफारिश → पुँछी आयोग

सदस्य

- → प्रधानमंत्री (अध्यक्ष)
- → मुख्यमंत्री (सभी राज्यों के)
- → विधानसभा वाले UT's के CM
- → प्रशासक UT's के
- → PM द्वारा निर्देशित 6 कैबिनेट मंत्री (गृह मंत्री सहित)

बैठक: 1 वर्ष में कम से कम 3 बार

क्षेत्रीय परिषद

- गठन - संसद द्वारा राज्य पुनर्गठन एक्ट 1956 के तहत
- उद्देश्य - राज्यों के मध्य संवाद स्थापित करना + आपसी विवाद सुलझाना
- क्षेत्रवाद, भाषायीवाद व विशेषतावाद से बचाना
- विकास योजनाओं को सफल बनाने में एक-दूसरे का सहयोग।
- राजनीतिक साम्य सुनिश्चित करना
- विचारों व अनुभवों का आपसी आदान - प्रदान

सदस्य:

- केन्द्र सरकार का गृहमंत्री (अध्यक्ष)
- क्षेत्र में शामिल सभी राज्यों के मुख्यमंत्री
- प्रत्येक राज्यों के 2 अन्य मंत्री
- प्रशासक (UT's के)

क्षेत्रीय परिषद् के अन्य सलाहकार जैसे -

- मनोनीत सदस्य (नीति आयोग द्वारा)
- क्षेत्र में स्थित प्रत्येक राज्य सरकार के मुख्य सचिव
- राज्य विकास आयुक्त

कुल 5 क्षेत्रीय परिषद्

क्षेत्रीय परिषद्	मुख्यालय	राज्य / संघ-राज्य क्षेत्र
◦ उत्तर	नई दिल्ली	• J&K, लद्दाख, हिमाचल, हरियाणा राजस्थान, दिल्ली, चंडीगढ़
◦ मध्य	प्रयागराज	उत्तराखण्ड, मध्यप्रदेश, उत्तर प्रदेश, छत्तीसगढ़
◦ पूर्वी	कोलकाता	• बिहार, झारखण्ड, ओडिशा, पश्चिम बंगाल
◦ पश्चिमी परिषद्	मुम्बई	• गुजरात, महाराष्ट्र, गोवा, दादरा व नगर हवेली और दमन व दीव
◦ दक्षिणी परिषद्	चैन्नई	• कर्नाटक, आन्ध्र प्रदेश, तमिलनाडु, केरल तेलंगाना व पुदुचेरी

पूर्वोत्तर परिषद्

- गठन - 1972 (पूर्वोत्तर परिषद् अधि. 1971 से)
- शुरुआत - 7 सदस्य (असम, मेघालय, त्रिपुरा, अरुणाचल, नागालैण्ड मणिपुर, मिजोरम)
  ↓
  वर्तमान - 8 (2002 में सिक्किम)
- सदस्य : 1 अध्यक्ष + 3 अन्य सदस्य + 8 CM & गवर्नर
- कार्य - अन्य क्षेत्रीय परिषदों के समान

अन्तर्राज्यीय नदी जल विवाद

- गठन - 1956 (अन्तर्राज्यीय जल विवाद अधिनियम)
  ↳ संशोधन विधेयक 2017

अनु. - 262

संरचना - 1 अध्यक्ष + 1 उपाध्यक्ष + अधिकतम 6 सदस्य
  └ कार्यकाल - 5 वर्ष └ कार्यकाल - जल विवाद निर्णय आधारित

अब तक गठित अन्तर्राज्यीय जल विवाद न्यायाधिकरण

न्यायाधिकरण	स्थापना	संबंधित राज्य
कृष्णा जल विवाद	1969	महाराष्ट्र, कर्नाटक व आन्ध्र प्रदेश
गोदावरी जल विवाद	1969	महाराष्ट्र, कर्नाटक, आन्ध्र प्रदेश, मध्य प्रदेश, ओडिशा
नर्मदा जल विवाद	1969	राजस्थान, गुजरात, महाराष्ट्र, मध्य प्रदेश
रावी व व्यास विवाद	1986	पंजाब, हरियाणा, राजस्थान
कावेरी जल विवाद	1990	कर्नाटक, केरल, तमिलनाडु, पुदुचेरी
महानदी जल विवाद	2018	ओडिशा व छत्तीसगढ़

18 आपात उपबन्ध

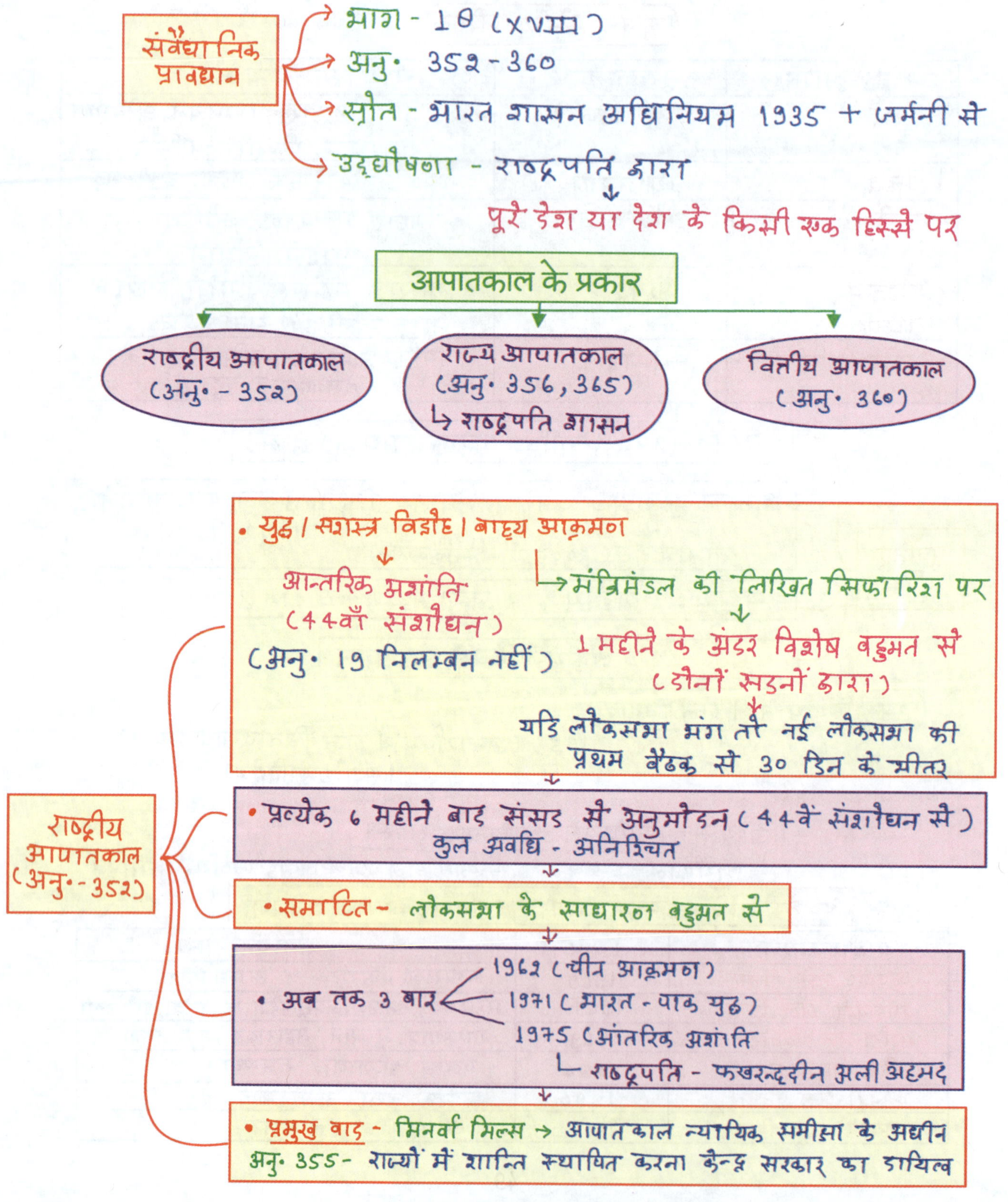

संवैधानिक प्रावधान
भाग - 18 (XVIII)
अनु॰ 352 - 360
स्रोत - भारत शासन अधिनियम 1935 + जर्मनी से
उद्घोषणा - राष्ट्रपति द्वारा
पूरे देश या देश के किसी एक हिस्से पर
आपातकाल के प्रकार
राष्ट्रीय आपातकाल (अनु॰ - 352)
राज्य आपातकाल (अनु॰ 356, 365)
↳ राष्ट्रपति शासन
वित्तीय आपातकाल (अनु॰ 360)
राष्ट्रीय आपातकाल (अनु॰ - 352)
• युद्ध / सशस्त्र विद्रोह / बाह्य आक्रमण
आन्तरिक अशांति (44वाँ संशोधन)
(अनु॰ 19 निलम्बन नहीं)
→ मंत्रिमंडल की लिखित सिफारिश पर
1 महीने के अंदर विशेष बहुमत से (दोनों सदनों द्वारा)
यदि लोकसभा भंग तो नई लोकसभा की प्रथम बैठक से 30 दिन के भीतर
• प्रत्येक 6 महीने बाद संसद से अनुमोदन (44वें संशोधन से)
कुल अवधि - अनिश्चित
• समाप्ति - लोकसभा के साधारण बहुमत से
• अब तक 3 बार
1962 (चीन आक्रमण)
1971 (भारत - पाक युद्ध)
1975 (आंतरिक अशांति
└ राष्ट्रपति - फखरुद्दीन अली अहमद
• प्रमुख वाद - मिनर्वा मिल्स → आपातकाल न्यायिक समीक्षा के अधीन
अनु॰ 355 - राज्यों में शान्ति स्थापित करना केन्द्र सरकार का दायित्व

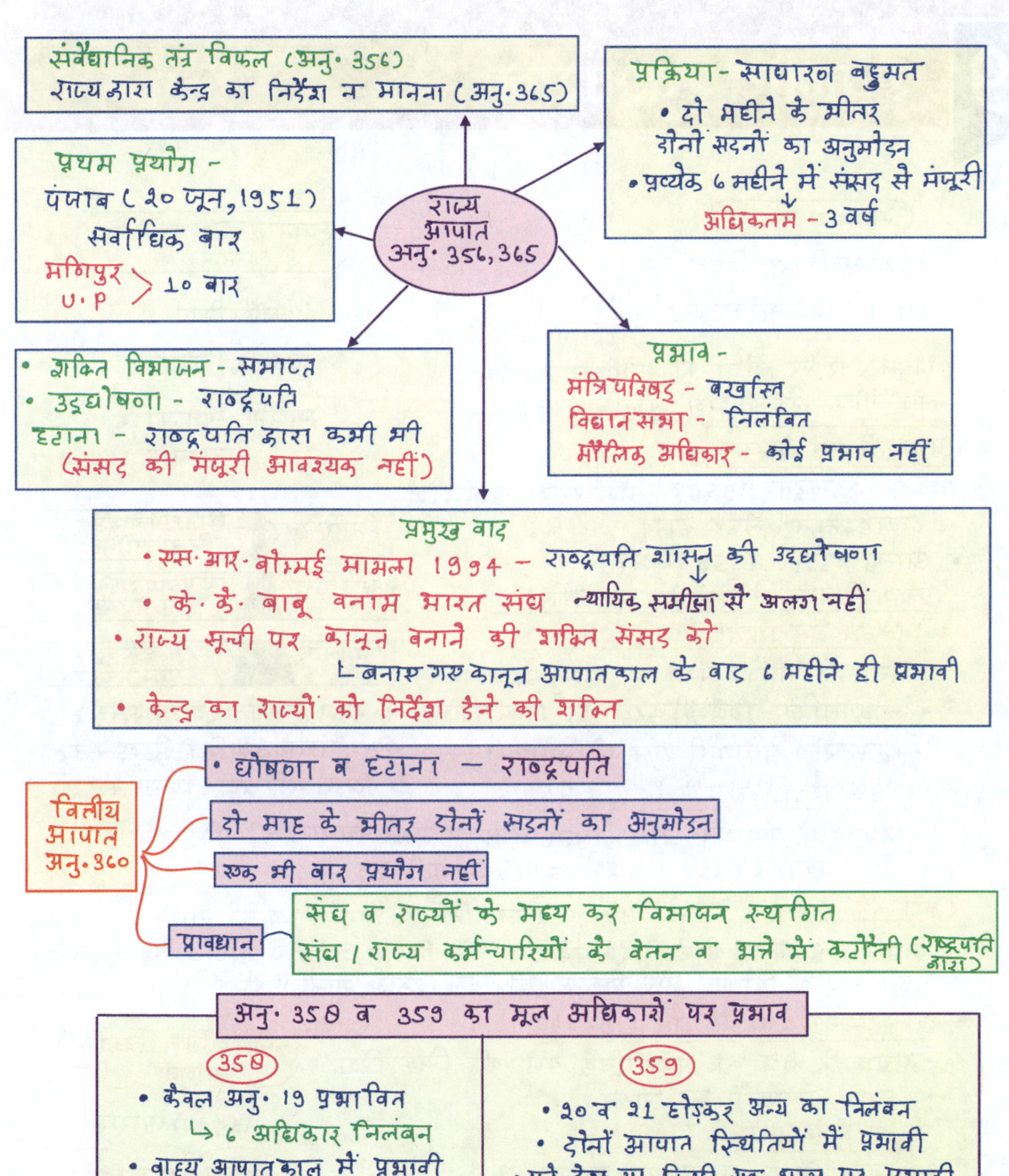

अनु. 358 व 359 का मूल अधिकारों पर प्रभाव

358	359
• केवल अनु. 19 प्रभावित ↳ 6 अधिकार निलंबन • बाह्य आपातकाल में प्रभावी • पूरे देश में लागू	• 20 व 21 छोड़कर अन्य का निलंबन • दोनों आपात स्थितियों में प्रभावी • पूरे देश या किसी एक भाग पर प्रभावी

आपात उपबंधों की आलोचना:

- मूल अधिकार अर्थहीन इससे लोकतांत्रिक आधारशिला नष्ट हो जाएगी- टी.टी. कृष्णमाचारी
- राजनीतिक उद्देश्य के लिए दुरुपयोग की संभावना - बी.आर.अम्बेडकर
- राष्ट्रपति शासन - मृत पत्र - बी. आर. अम्बेडकर
- राष्ट्रपति का आपातकालीन अधिकार- संविधान के साथ धोखा - के.एम. नाम्बियार

19 स्थानीय स्वशासन

सामान्य परिचय

- राज्य सूची का विषय
- सत्ता का विकेन्द्रीकरण < पंचायती राज / नगरपालिकाएँ
- निचले स्तर पर लोगों को भागीदार बनाकर लोकतांत्रिक विकेन्द्रीकरण सुनिश्चित करना

स्थानीय स्वशासन के जनक
↓
लॉर्ड रिपन
↓
1882 का प्रस्ताव
↓
स्थानीय स्वशासन का मैग्नाकार्टा

पंचायती राजव्यवस्था

प्रारम्भ - 2 अक्टूबर, 1959 को नागौर (राजस्थान) में

- जवाहरलाल नेहरू द्वारा
- आन्ध्र प्रदेश (1959 में भी)

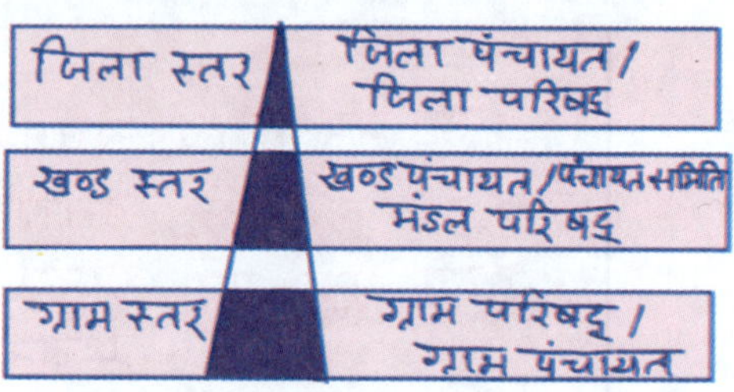

पंचायती राज से संबंधित समितियाँ :

* **बलवंत राय मेहता समिति (1957) :**

- पंचायती राजव्यवस्था का वास्तुकार
- लोकतांत्रिक विकेन्द्रीकरण की सिफारिश
- त्रिस्तरीय पंचायती राज की स्थापना → ग्राम पंचायत (ग्राम स्तर) → क्षेत्र/पंचायत समिति (खण्ड स्तर) → जिला परिषद् (जिला स्तर)

* **अशोक मेहता समिति (1977-78) :**

- द्विस्तरीय पंचायती राज (जिला परिषद् व मंडल पंचायत) की सिफारिश
- मंडल पंचायत (15000 - 20000 तक आबादी हेतु)

* **जी. वी. के. राव समिति (1985)** • जिला विकास आयुक्त पद का सृजन

- नियमित चुनाव की सिफारिश • उद्देश्य - ग्रामीण विकास, गरीबी उन्मूलन कार्यक्रम की समीक्षा
- जिला स्तर को योजना और विकास की मूल इकाई माना।

* **एल. एम. सिंघवी समिति (1986)**

- पंचायती राज को संवैधानिक दर्जे की सिफारिश
- न्याय पंचायतों का गठन

सामुदायिक विकास योजना
↓
1952 में प्रारम्भ

* **पी. के. थुंगन समिति (1988-89)**

- चुनाव नियत समय पर कराना।
- 5 वर्ष का निश्चित कार्यकाल

राष्ट्रीय विस्तार सेवा योजना
└ प्रारम्भ - 1953

* **वी. एन. गाडगिल समिति (1988) :**

पंचायत के तीन स्तरों पर सदस्यों का सीधा निर्वाचन

* **73 वाँ संविधान संशोधन अधिनियम 1992 (PM - पी. वी. नरसिम्हा राव)**
└ प्रभावी - 24 अप्रैल, 1993

- भाग - IX
- शीर्षक - पंचायत
- अनु. 243 - 243 (O)
- अनुसूची - 11 (जोड़ा गया) → 29 विषय

पंचायती राज दिवस
└ 24 अप्रैल
प्रारम्भ - 2010

ग्राम सभा

- अनु॰ 243(A) में प्रावधान
- किसी ग्राम की मतदाता सूची में पंजीकृत सभी व्यक्तियों का समूह
- एक या एक से अधिक गाँव शामिल
- राज्य विधानमंडल द्वारा प्रदत्त शक्तियों / कर्त्तव्यों का पालन

*** पंचायतों का गठन :**

- प्रावधान - 243 (B)
- प्रत्येक राज्य में
  - → ग्राम पंचायत (ग्राम स्तर)
  - → क्षेत्र पंचायत (मध्यवर्ती स्तर)
  - → जिला पंचायत (जिला स्तर)

चार स्तरीय पंचायती राजव्यवस्था → पश्चिम बंगाल

- 20 लाख से कम आबादी वाले राज्य - क्षेत्र पंचायत का गठन आवश्यक नहीं

*** पंचायतों की संरचना :** अनु॰ 243 (C)

- विधि बनाने की शक्ति राज्यविधान मंडल को
  - निर्वाचन -
    - ग्राम पंचायत - प्रत्यक्ष रूप से (मुखिया)
    - पंचायत - अप्रत्यक्ष (प्रमुख)
    - जिला पंचायत - अप्रत्यक्ष (अध्यक्ष / चेयरपर्सन)

पंचायत गठन नहीं - मेघालय, मिजोरम, नागालैण्ड
└ जनजातीय परिषद्

*** पंचायतों में आरक्षण :** अनु॰ 243 (D)

- SC/ST वर्ग के लिए आबादी के अनुपात में
  - └ 1/3 महिलाओं के लिए
- कुल स्थानों का 1/3 सभी वर्ग की महिलाओं हेतु
  - └ SC/ST भी शामिल
- आरक्षित स्थानों का रोटेशन द्वारा आवंटन
- पंचायत अध्यक्ष पदों पर समान रूप से लागू

केन्द्र सरकार द्वारा 2009 में पंचायतों में महिलाओं के 50% आरक्षण की अनुमति
→ सबसे पहले बिहार में
→ वर्तमान में 21 राज्यों में

*** कार्यकाल -** 5 वर्ष (अनु॰ 243(E))

- समय से पहले विघटन (समय 6 माह से अधिक शेष)
  - └ 6 माह की अवधि में चुनाव
- पंचायत सदस्य निर्वाचित होने की आयु - 21 वर्ष

*** पंचायतों की शक्तियाँ व उत्तरदायित्व :**

- अनु॰ 243 (G) में
- शक्तियाँ जो उन्हें स्वशासन के रूप में कार्य करने के लिए सक्षम बना सकें
  - └ राज्य विधानमंडल प्राधिकृत

*** वित्त संबंधी उपबंध :** अनु॰ 243 (H)

- राज्य विधानमंडल द्वारा अधिकृत
  - └ कर शुल्क, पथकर व फीस के उद्ग्रहण, संग्रहण व विनियोजन आदि।

राज्य वित्त आयोग : अनु. 243(I) में
- गठन - राज्यपाल द्वारा प्रत्येक 5 वर्ष पर पंचायतों के वित्त व्यवस्था का पुनर्विलोकन हेतु

पंचायतों का लेखा परीक्षण : अनु. 243(J)
- राज्य विधानमंडल द्वारा पंचायत के लेखाओं की सम्परीक्षा हेतु उपबंध

*** राज्य निर्वाचन आयोग : अनु. 243(K)**
- नियुक्ति - राज्यपाल द्वारा
- कार्य - पंचायतों के लिए चुनाव करवाना

न्याय पंचायत → ग्रामवासियों के लिए न्याय → दीवानी + फौजदारी → अपराधियों पर जुर्माना
└ 50₹ से 1000 तक

*** अन्य उपबंध :**
- संघ- राज्य क्षेत्रों में लागू होना (अनु. 243L)
- कतिपय क्षेत्रों में लागू न होना (243M)
- विद्यमान विधियों व पंचायतों का बना रहना (243N)
- निर्वाचक संबंधी मामलों में न्यायालयों के हस्तक्षेप पर रोक (243O)

अनुसूचित क्षेत्रों में पंचायत विस्तार अधि. (PESA), 1996
→ पाँचवीं अनुसूची के क्षेत्र
→ भूरिया समिति की सिफारिश पर
→ 10 राज्यों में लागू

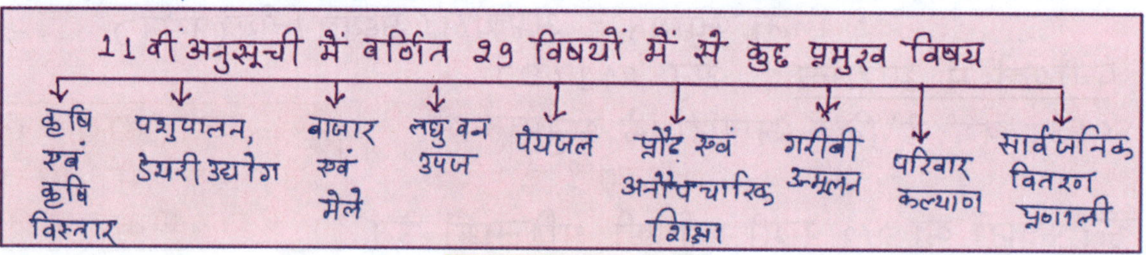

नगर पालिकाएँ

*** 74 वाँ संविधान संशोधन अधिनियम 1992 :**
- भाग - IX A
- अनु. 243 P - 243 ZG
- प्रभावी - 1 जून 1993
- शीर्षक - नगरपालिकाएँ
- अनुसूची - 12 वीं (जोड़ा गया)
  └ 18 विषय

→ 1687/88 मद्रास में
| इसके बाद
1793 के चार्टर एक्ट द्वारा
└ मद्रास, कलकत्ता, मुम्बई

नगर पालिकाओं का गठन

नगर पंचायत	नगरपालिका परिषद्	नगर निगम
(निचली इकाई)	(मध्य)	(शीर्ष)
10 - 20 हजार जनसंख्या	20 हजार - 3 लाख जनसंख्या	3 लाख से अधिक जनसंख्या

वार्ड समितियों का गठन : अनु. 243(S)

- 3 लाख या अधिक आबादी के लिए

जिला योजना समिति : अनु.(243 ZD)

- जिला स्तर पर गठन
- जिले की पंचायतों व नगरपालिकाओं के लिए विकास योजना का प्रारूप तैयार करना

महानगर योजना समिति : अनु. 243(ZE) में

- घोषणा – राज्यपाल द्वारा
- 10 लाख या अधिक आबादी वाले क्षेत्रों के लिए
  - └ एक या एक से अधिक जिले शामिल
- महानगर क्षेत्र के लिए विकास योजना तैयार करना

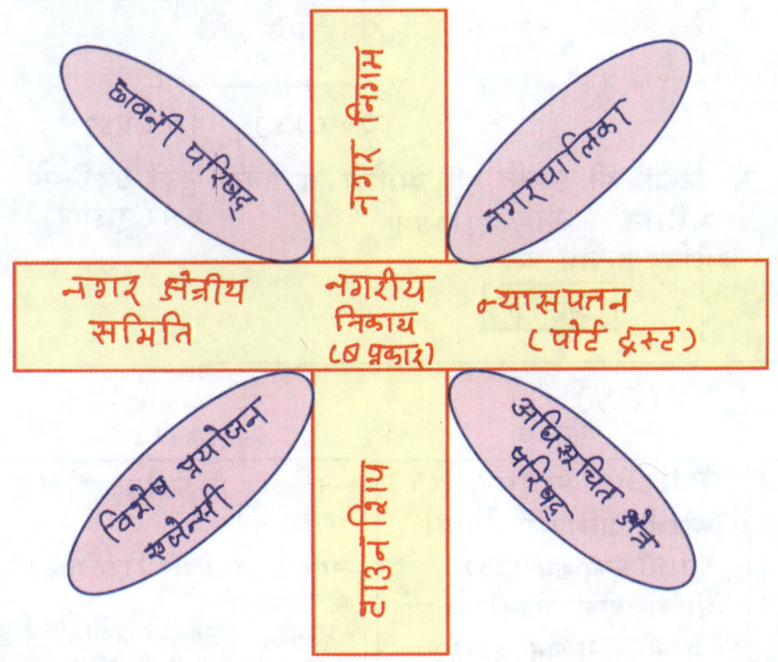

सहकारी समितियाँ :

- संवैधानिक दर्जा – 97 वाँ संविधान संशोधन अधिनियम, 2011
- भाग IX (B)
- अनु. 243(ZH) – 243(ZT)

सहकारी समिति का निर्माण ⟶ मौलिक अधिकार ↓ अनु. 19(1)(c)

20 राजभाषा

- अनुसूची - आठवीं (22 भाषाएँ)
- भाग - XVII
- अनु. 343-351

प्रमुख अनुच्छेद

343 - संघ की राजभाषा
344 - संसदीय आयोग, समिति
345 - राज्य की राजभाषा
346 - पत्राचार की भाषा
348 - न्यायालय की भाषा
350 A - प्राथमिक स्तर पर मातृभाषा में शिक्षा
351 - हिन्दी भाषा का विकास

पृष्ठभूमि

1955 - प्रथम राजभाषा आयोग
└ अध्यक्ष - बी.जी. खेर

↓ सरकारी कामकाज में अंग्रेजी के स्थान पर हिन्दी का प्रयोग

1967 - राजभाषा विधेयक में संशोधन
↓
गैर-हिन्दी भाषी राज्यों के हिन्दी अपनाने तक राजकीय कार्य अंग्रेजी में

राजभाषा पर संसदीय समिति → • कुल सदस्य - 30 → 20 (LS) 10 (RS)

| कार्य

सरकार के कामकाज में हिन्दी की प्रगति की समीक्षा व उनसे जुड़ी प्रवृत्तियों पर सुझाव

- प्रथम संयुक्त संसदीय समिति - नवम्बर, 1957
  └ अध्यक्ष - गोविंद वल्लभ पंत

भाषाएँ

मूल संविधान में भाषा ↳ 14

असमिया, बांग्ला, गुजराती, हिन्दी, कन्नड़, कश्मीरी, कोंकणी, मलयालम, मणिपुरी, मराठी, नेपाली, ओडिया, पंजाबी, संस्कृत

जोड़ी गई भाषाएँ ↳ कुल - 8

- सिंधी (21 वाँ संशोधन, 1967)
- कोंकणी, मणिपुरी, नेपाली (71 वाँ संशोधन 1992)
- मैथिली, बोडो, डोगरी, संथाली (92 वाँ संशोधन, 2003)

शास्त्रीय भाषा ↳ कुल - 11

- संविधान में उल्लेख नहीं
- गठन - 2004
  ↓
  साहित्य अकादमी द्वारा गठित कमेटी की सिफारिश पर
- मानक - 1500 से 2000 वर्ष पुरानी साहित्य परम्परा से संबंधित प्राचीन ग्रंथ व साहित्य में वर्णित

भारत की शास्त्रीय भाषाएँ

भाषा	घोषणा वर्ष	भाषा	घोषणा वर्ष	भाषा	घोषणा वर्ष
तमिल	2004	मलयालम	2013	प्राकृत	2024
संस्कृत	2005	ओड़िया	2014	असमिया	2024
तेलुगू	2008	मराठी	2024	बंगाली	2024
कन्नड़	2008	पाली	2024		

हिन्दी दिवस: 14 सितम्बर, 1949 → संविधान सभा द्वारा (राजभाषा रूप में)

विश्व हिन्दी दिवस - 10 जनवरी - नागपुर से शुरू
- 10 जनवरी, 2006 से प्रत्येक वर्ष मनाए जाने की घोषणा

भारत की शास्त्रीय भाषाएँ देखने के लिए QR कोड स्कैन करें

21 संविधान संशोधन

- भाग - XX
- अनु॰ - 368
- स्रोत - दक्षिण अफ्रीका
- मूल ढाँचे के अलावा संविधान के किसी भी भाग में संशोधन
  → केशवानंद भारती वाद 1973

संशोधन की प्रक्रिया

- किसी भी सदन में प्रस्तुत → राज्य विधानमंडल (X)
  ↓
  किसी भी मंत्री या निजी सदस्य द्वारा
- राष्ट्रपति की अनुमति आवश्यक नहीं
  ↓
  सहमति बाध्यकारी → वीटो प्रयोग नहीं (24वाँ संशोधन 1971)
- संयुक्त बैठक का प्रावधान नहीं
- बिल विशेष बहुमत से पास
  ↓
  (50% + उपस्थित / मतदान करने वाले सदस्यों का 2/3)

संशोधन
- साधारण बहुमत → अनु॰ 368 के अन्तर्गत संशोधन नहीं
- विशेष बहुमत → उदाहरण - 103वाँ संशोधन → EWS के लिए 10% आरक्षण
  (उपस्थित सदस्यों का 2/3)
- विशेष बहुमत + राज्यों की सहमति (उदाहरण - जीएसटी)

साधारण बहुमत
- नए राज्यों का प्रवेश व गठन
- राज्य विधानपरिषद् / निर्माण \ समाप्ति (2019 में जम्मू-कश्मीर में समाप्ति)
- संसद सदस्य वेतन / भत्ते
- नागरिकता प्राप्ति व समाप्ति आदि

विशेष बहुमत

- मूल अधिकार
- राज्य के नीति निदेशक तत्व
- वे सभी उपबंध जो प्रथम व तृतीय श्रेणी में शामिल नहीं
- 7 वीं अनुसूची के विषय
- संसद में राज्यों का प्रतिनिधित्व आदि

विशेष बहुमत + राज्यों की स्वीकृति

- राष्ट्रपति निर्वाचन + प्रक्रिया
- केन्द्र राज्य कार्यकारी शक्ति विस्तार
- उच्चतम व उच्च न्यायालय
- वस्तु एवं सेवा कर

प्रमुख विद्वानों के कथन:

- भारतीय संविधान लचीलेपन व जटिलता के बीच बेहतर संतुलन – के. सी. व्हीयर
- संशोधन प्रक्रिया सर्वाधिक स्वीकार्य भाग तथा विविध गुणों वाला – ग्रैनविले आस्टिन

प्रमुख संविधान संशोधन → (अब तक 106 संशोधन)

संशोधन	प्रावधान
1st 1951	• मौलिक अधिकारों में समानता • स्वतंत्रता व संपत्ति का सीमित अधिकार • 9वीं अनुसूची जोड़ी गई (भूमि सुधार कानून)
2nd 1952	• संसद में राज्यों का प्रतिनिधित्व
7th 1956	• भाषायी आधार पर राज्यों का पुनर्गठन • संघ - राज्य क्षेत्र का प्रावधान • LS / RS व राज्य विधानसभा सीट पुनर्वितरण
15th 1963	• उच्च न्यायालय के न्यायाधीश सेवानिवृत्त आयु 60 से 62 वर्ष
24th 1971	संसद को मौलिक अधिकारों सहित संविधान के प्रत्येक भाग में संशोधन करने की शक्ति की पुष्टि की।
26th 1971	• रियासतों के पूर्व प्रिवी पर्स व विशेषाधिकारों की समाप्ति
36th 1975	• सिक्किम को पूर्ण राज्य का दर्जा
40th 1976	• अनु. 297 में प्रावधान (अनन्य आर्थिक क्षेत्र से संबंधित)
42th 1976 (लघु संविधान की संज्ञा)	• प्रस्तावना में + पंथनिरपेक्ष, + समाजवादी, + अखण्डता • राष्ट्रपति मंत्रिमंडल की सलाह मानने के लिए बाध्यकारी • संशोधनों को न्यायालय में चुनौती नहीं • राज्य में आपातकाल 6 महीने → 1 वर्ष
44th 1978	• जीवन / व्यक्तिगत स्वतंत्रता व प्रेस स्वतंत्रता सुनिश्चित • संपत्ति का अधिकार → मौलिक अधिकार (✗) → कानूनी अधिकार (✓) • आन्तरिक अशान्ति → सशस्त्र विद्रोह
61th 1989	• मतदाता आयु 21 → 18 वर्ष (लोकसभा / विधानसभा)
69th 1991	• दिल्ली - राष्ट्रीय राजधानी क्षेत्र • विधानसभा - 70 सीट • मंत्री - 7
73th 1992	• 11 वीं अनुसूची जुड़ी • पंचायती राज को संवैधानिक दर्जा
74th 1992	• 12 वीं अनुसूची • नगरपालिका - संवैधानिक दर्जा

88th 2003	सेवाओं पर कर
100th 2015	• भारत - बांग्लादेश भूमि हस्तांतरण
101th 2016	• GST (वस्तु एवं सेवा कर)
102nd 2018	पिछड़ा वर्ग आयोग को संवैधानिक दर्जा
103rd 2019	आर्थिक रूप से पिछड़ों (EWS) को 10% आरक्षण
104th 2019	एंग्लो-इण्डियन का लोकसभा व राज्य विधान सभाओं में आरक्षण समाप्त
105th 2021	सामाजिक व शैक्षणिक रूप से पिछड़े वर्गों के राज्यों को सूची की अनुमति
106th 2023	लोकसभा। राज्य विधान सभा व दिल्ली विधानसभा में महिला आरक्षण (1/3)

प्रमुख अधिनियम:

- हिन्दू उत्तराधिकार अधिनियम 1956 → संशोधन 2005
- विशेष विवाह अधिनियम - 1954
- दहेज प्रतिषेध अधिनियम - 1961
- राष्ट्र गौरव अपमान निवारण अधिनियम - 1971
  - └ राष्ट्रध्वज और राष्ट्रगान के अनादर का प्रतिषेध

22 संवैधानिक एवं गैर-संवैधानिक निकाय

संवैधानिक निकाय

- जिसकी स्थापना का उल्लेख संविधान के विभिन्न अनुच्छेदों में उल्लेखित
- प्रत्यक्ष रूप से संविधान से शक्ति प्राप्त

निर्वाचन आयोग

प्रथम मुख्य चुनाव आयुक्त → सुकुमार सेन

• अर्द्ध-न्यायिक निकाय • अनु. 324 - 329 • भाग XV

संरचना	•16 अक्टूबर, 1989 से पूर्व एक सदस्यीय •1 अक्टूबर, 1993 से बहुसदस्यीय → 1 मुख्य निर्वाचन आयुक्त, 2 अन्य निर्वाचन आयुक्त •संरचना में परिवर्तन राष्ट्रपति द्वारा
नियुक्ति	• राष्ट्रपति द्वारा → प्रधानमंत्री की अध्यक्षता वाली समिति की सिफारिश पर • दो अन्य सदस्य < •PM द्वारा नामित केन्द्रीय मंत्री (2023 के संशोधन से) •LS में विपक्ष का नेता
कार्यकाल	• मुख्य - 6 वर्ष या 65 वर्ष की आयु तक • अन्य - 6 वर्ष या 62 वर्ष
त्यागपत्र	• राष्ट्रपति को

अपदस्थता:
- → कदाचार तथा अक्षमता
- → मुख्य चुनाव आयुक्त - SC के न्यायाधीश की तरह
- → अन्य निर्वाचन आयुक्त
  - └ मुख्य निर्वाचन आयुक्त की सिफारिश पर

कार्य:
- संसद, राज्य विधान मंडल, राष्ट्रपति, उपराष्ट्रपति के चुनावों का संचालन व नियंत्रण
- मतदाता सूची तैयार करना
- राजनीतिक दलों को चुनाव चिन्ह प्रदान करना
- चुनाव क्षेत्रों का परिसीमन
- राष्ट्रीय व राज्यस्तरीय दल को मान्यता देना

निर्वाचन आयोग की स्थापना
↓
25 जनवरी, 1950
(राष्ट्रीय मतदाता दिवस) → प्रत्येक 25 जनवरी

निर्वाचन सुधार संबंधी समिति:

- के. सन्थानम समिति (1962)
- तारकुण्डे समिति (1974)
- दिनेश गोस्वामी समिति (1990)
- इन्द्रजीत गुप्ता समिति (1998)

भारत के राष्ट्रीय दल

पार्टी	विशेष तथ्य
कांग्रेस	• स्थापना - 1885 • जवाहर लाल नेहरू के नेतृत्व में इस दल का भारतीय राजनीति पर प्रभाव • 1989 के बाद क्षेत्रीय दलों के प्रसार से कांग्रेस जन-समर्थन कमजोर
भारतीय कम्यूनिस्ट पार्टी (मार्क्सवादी)	• 1964 में भारतीय कम्यूनिस्ट पार्टी से पृथक इस दल की स्थापना • पूँजीवाद- सम्प्रदायवाद का विरोध • केरल व बंगाल में उपस्थिति अधिक प्रभावी
भारतीय जनता पार्टी	• भारतीय जनसंघ को पुनर्जीवित कर 1980 में स्थापना • सांस्कृतिक राष्ट्रवाद की विचारधारा • 2014 से केन्द्र में सत्तारूढ़ दल
बहुजन समाज पार्टी	• 1984 में गठित (काशीराम के नेतृत्व में) दलितों व पिछड़ों के लिए • विस्तार उत्तर भारत में अधिक
नेशनल पीपुल्स पार्टी	• गठन - 2013 में पीए संगमा द्वारा • 2019 में राष्ट्रीय दल का दर्जा • पूर्वोत्तर के राज्यों में अधिक विस्तार
आम आदमी पार्टी	• गठन - 2012 अरविन्द केजरीवाल • वर्तमान में पंजाब राज्य में सरकार └ 2011 के भ्रष्टाचार विरोधी आन्दोलन के पश्चात् स्थापना

संघ लोक सेवा आयोग

- भाग - XIV
- अनु. 315-323
  - → संघ लोक सेवा आयोग (केन्द्र सरकार)
  - → राज्य लोक सेवा आयोग (राज्य के लिए)
  - → संयुक्त लोक सेवा आयोग (दो या अधिक राज्यों के लिए)

अखिल भारतीय सेवाएँ (तीन)
- भारतीय प्रशासनिक सेवा (IAS)
- भारतीय पुलिस सेवा (IPS)
- भारतीय वन सेवा (IFS)

अध्यक्ष व सदस्यों की योग्यता:

- आयोग के सदस्यों की संख्या + अन्य सेवा शर्तों का निर्धारण } राष्ट्रपति द्वारा
- आयोग के आधे सदस्य नियुक्ति के समय केन्द्र/राज्य सरकार के अधीन कम से कम 10 वर्ष पद धारण किया हो
- अन्य आधे अन्य क्षेत्रों से

वेतन व भत्ते - भारत की संचित निधि से

भारत में सिविल सेवा का जन्मदाता → लार्ड कॉर्नवालिस

सदस्यों की नियुक्ति एवं पदावधि: • अनु. 316

- अध्यक्ष एवं सदस्यों की नियुक्ति राष्ट्रपति द्वारा
  - └ 6 वर्ष या 65 वर्ष (जो भी पहले)

- पद से निलम्बन - राष्ट्रपति द्वारा
- अध्यक्ष व सदस्य को पदच्युत राष्ट्रपति के आदेश द्वारा
  └ उच्चतम न्यायालय के जाँच के पश्चात
- अध्यक्ष —(पद रिक्ति)→ कार्यकारी अध्यक्ष
- आयोग के सदस्यों की सेवा की शर्तें राष्ट्रपति द्वारा निर्धारित

प्रथम भारतीय I.C.S सत्येन्द्र नाथ टैगोर

सर्वप्रथम लंदन और इलाहाबाद (वर्तमान - प्रयागराज) में सिविल सेवा परीक्षा-1922

आयोग के कार्य: (अनु.-320)

संघ की सेवाओं में नियुक्ति के लिए परीक्षाओं का संचालन

कार्य विस्तार की शक्ति - संसद को (अनु. 321)

- आयोग के व्यय (अनु. 322)
  └ भारत की संचित निधि पर भारित
- आयोग प्रतिवर्ष प्रतिवेदन - राष्ट्रपति को

सिविल सेवा दिवस
↓
21 अप्रैल

लोक सेवा आयोग
- स्थापना - 1926
- ली आयोग की सिफारिश पर

राज्य लोक सेवा आयोग

- भाग XIV
- अनु. 315-323

नियुक्ति। पदावधि: अनु. 316

- अध्यक्ष व सदस्य → राज्यपाल द्वारा
- 6 वर्ष या 62 वर्ष - जो भी पहले हो

पदच्युत व निलम्बन: (अनु. 317)

↓ राष्ट्रपति द्वारा ↓ राज्यपाल द्वारा

संयुक्त लोक सेवा आयोग
- → राज्यों के अनुरोध पर संसद द्वारा
- → अध्यक्ष/सदस्य → राष्ट्रपति द्वारा
- → रिपोर्ट - राज्यपाल को

अध्यक्ष/सदस्यों पर प्रतिषेध:

- संघ लोक सेवा आयोग अध्यक्ष —(सेवानिवृत्त)→ संघ/राज्य सेवा में पुनः नियुक्ति नहीं
- राज्य लोक सेवा आयोग अध्यक्ष —(सेवानिवृत)→ संघ/राज्य सेवा में नियुक्ति पात्र

कार्य: राज्य की सेवाओं में नियुक्ति के लिए परीक्षाओं का संचालक

वेतन/भत्ते: राज्य की संचित निधि पर भारित

प्रतिवेदन - राज्यपाल को

अधिकरण (Tribunals)

- मूल संविधान में उल्लेख नहीं
- 42वें संविधान संशोधन 1976 द्वारा
- भाग 14(क)
- अनु. 323 क - 323 ख
- अर्द्ध-न्यायिक निकाय
- किसी विशेष विभाग से जुड़ी शिकायतों का समाधान

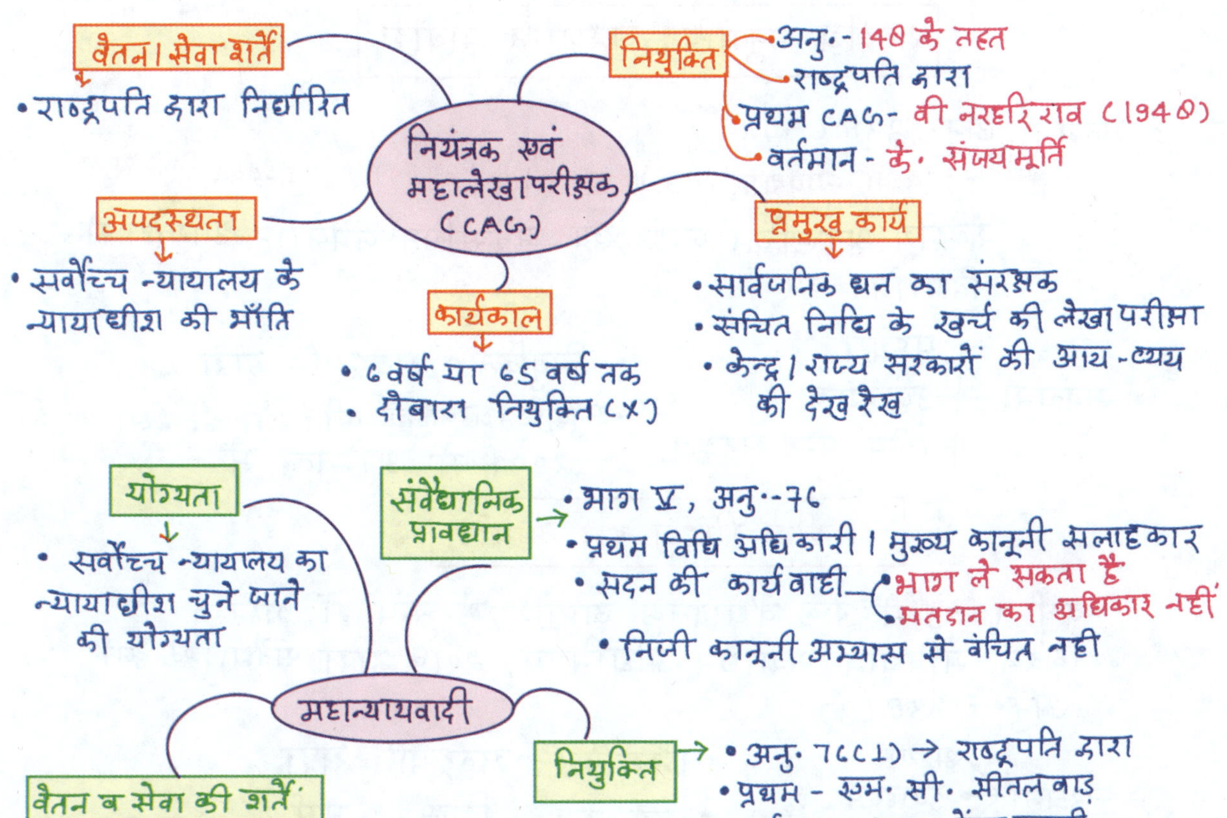

वस्तु एवं सेवा कर परिषद्

गठन- अनु. 279 A
- 101 वाँ संविधान संशोधन 2016
- राष्ट्रपति द्वारा

संरचना
- अध्यक्ष - केन्द्रीय वित्त मंत्री
- वित्त प्रभारी केन्द्रीय राज्य मंत्री
- राज्यों के वित्त या राज्य सरकार द्वारा नामित मंत्री (कोई एक)
- उपाध्यक्ष

राष्ट्रीय अनुसूचित जाति आयोग

गठन	अनु. -338
संरचना	अध्यक्ष उपाध्यक्ष तीन अन्य सदस्य
नियुक्ति	राष्ट्रपति द्वारा
कार्यकाल	3 वर्ष
कार्य	अनुसूचित जाति के संरक्षण व अन्याय के विरुद्ध जाँच

राष्ट्रीय अनुसूचित जाति एवं जनजाति आयोग
↓
65 वाँ संविधान संशोधन अधिनियम 1990

राष्ट्रीय अनुसूचित जनजाति आयोग

- गठन - अनु. 338 (A)
  - 89 वाँ संविधान संशोधन अधि. 2003 द्वारा (2004 में अस्तित्व में)
  - राष्ट्रीय अनुसूचित जाति एवं अनुसूचित जनजाति आयोग से विभाजित कर
- संरचना
  - अध्यक्ष
  - उपाध्यक्ष
  - तीन अन्य सदस्य
- नियुक्ति - राष्ट्रपति द्वारा
- अनुसूचित जनजातियों की हितों की रक्षा करना
- 2004 में अस्तित्व में

राष्ट्रीय पिछड़ा वर्ग आयोग

- वर्ष 1993 में एक वैधानिक आयोग के रूप में गठन
- 102 वें संविधान संशोधन अधिनियम, 2018 द्वारा संवैधानिक दर्जा
- अनु. - 338 (B)
- संरचना
  - अध्यक्ष
  - उपाध्यक्ष
  - तीन अन्य
- नियुक्ति - राष्ट्रपति द्वारा
- कार्यकाल - अध्यक्ष - 3 वर्ष

भाषायी अल्पसंख्यक आयुक्त

- अनु. - 350 (B) → 7 वाँ संविधान संशोधन 1956
- भाषायी अल्पसंख्यकों के लिए एक विशेष अधिकारी
- नियुक्ति - राष्ट्रपति द्वारा
- केन्द्रीय अल्पसंख्यक मामलों के मंत्रालय के अधीन कार्य

गैर-संवैधानिक निकाय

- संविधान में उल्लेख नहीं
- मंत्रिमंडल के प्रस्ताव द्वारा
- संसद के अधिनियम / राज्य विधानमंडल द्वारा गठित

राष्ट्रीय मानवाधिकार आयोग (NHRC)

- सांविधिक निकाय (मानवाधिकार संरक्षण अधिनियम 1993)
- स्थापना - 12 अक्टूबर, 1993
- प्रभावी - 28 सितम्बर, 1993
- कार्य - देश में मानवाधिकारों की रक्षा करना
- सदस्य - अध्यक्ष + 11 अन्य सदस्य
- अध्यक्ष व सदस्य की नियुक्ति - राष्ट्रपति द्वारा
  - जो उच्चतम न्यायालय का मुख्य न्यायाधीश या न्यायाधीश रह चुका हो

अंतर्राष्ट्रीय मानवाधिकार दिवस → 10 दिसम्बर

- कार्यकाल (अध्यक्ष) - 3 वर्ष या 70 वर्ष की आयु
- प्रथम अध्यक्ष - रंगनाथ मिश्रा •वर्तमान - वी रामसुब्रमण्यन

केन्द्रीय सूचना आयोग

- सांविधिक निकाय • सूचना का अधिकार अधिनियम 2005 के अंतर्गत
- सम्पूर्ण रूप से लागू - 12 अक्टूबर 2005
- संरचना < एक मुख्य सूचना आयुक्त / अधिकतम 10 सूचना आयुक्त
- नियुक्ति - राष्ट्रपति द्वारा

कार्यकाल → केन्द्र सरकार द्वारा निर्धारित

केन्द्रीय सतर्कता आयोग (CVC)

- स्थापना - वर्ष 1964 • के. संथानम समिति की सिफारिश पर
- 2003 में संसद द्वारा पारित कानून से सांविधिक दर्जा
- वर्ष 2004 केन्द्र द्वारा नामित एजेंसी के रूप में अधिकृत

संरचना - बहुसदस्यीय < एक अध्यक्ष / दो या दो से कम आयुक्त

- नियुक्ति - राष्ट्रपति द्वारा
- कार्यकाल - 4 वर्ष या 65 वर्ष

केन्द्रीय सतर्कता आयुक्त की नियुक्ति संबंधी समिति के सदस्य- प्रधानमंत्री, गृहमंत्री लोकसभा में विपक्ष का नेता

लोकसभा में विपक्ष का नेता न होने पर विपक्ष के सबसे बड़े दल का नेता समिति में शामिल।

कार्य :- भ्रष्टाचार से संबंधित अपराधों की जाँच

केन्द्रीय अन्वेषण ब्यूरो (CBI)

गठन	1963 गृह मन्त्रालय के संकल्प द्वारा (के संथानम समिति)
शक्ति	दिल्ली विशेष पुलिस अधिष्ठान अधिनियम 1946 द्वारा
आदर्श वाक्य	उद्यम निष्पक्षता व ईमानदारी
नियंत्रण	कार्मिक मंत्रालय के कार्मिक एवं प्रशिक्षण विभाग (DoPT)
निदेशक की नियुक्ति	प्रधानमंत्री की अध्यक्षता वाली समिति की सिफारिश पर
कार्य	भ्रष्टाचार व घूसखोरी आदि मामलों का संज्ञान

राष्ट्रीय महिला आयोग

- सांविधिक निकाय गठन
  - जनवरी 1992
    - राष्ट्रीय महिला आयोग अधि. 1990

प्रथम अध्यक्ष → जयन्ती पटनायक

वर्तमान - विजया किशोर रहाटकर

- संरचना < 1 अध्यक्ष / 5 सदस्य / 1 सदस्य सचिव
- नियुक्ति - केन्द्र सरकार द्वारा
- मुख्यालय - नई दिल्ली
- कार्यकाल (अध्यक्ष) - 3 वर्ष
- महिलाओं के अधिकारों (संवैधानिक व विधिक) की रक्षा करना, नीतिगत मामलों में सरकार को सुझाव देना

राष्ट्रीय अल्पसंख्यक आयोग :

- स्थापना - 1978 (केन्द्र सरकार के एक संकल्प द्वारा)
- वैधानिक दर्जा - 1992 में (अल्पसंख्यक आयोग अधि. 1992)

केन्द्र सरकार द्वारा अल्पसंख्यक का दर्जा
- जैन
- बौद्ध
- मुस्लिम
- पारसी
- सिख
- ईसाई

- संरचना →
  - एक सभापति
  - एक उपसभापति
  - 5 अन्य सदस्य

लोकपाल एवं लोकायुक्त

विश्व में प्रथम लोकपाल
- 1809 - स्वीडन में
- ओम्बुड्समैन नाम से

लोकपाल: • केन्द्र स्तर पर

गठन - 2019

- संरचना →
  - एक अध्यक्ष
  - अधिकतम आठ अन्य सदस्य
  - 50% SC/ST/OBC/अल्पसंख्यक । महिला
  - 50% न्यायिक पृष्ठभूमि से

लोकपाल के जाँच (भ्रष्टाचार) के दायरे में
- PM भी
- समूह A, B, C, D के अधिकारी । कर्मचारी

- नियुक्ति - राष्ट्रपति द्वारा • कार्यकाल - 5 वर्ष या 70 वर्ष तक
- प्रथम लोकपाल - पिनाकी चन्द्र घोष (2019)
- वर्तमान लोकपाल - अजय मानिकराव खनविल्कर

लोकायुक्त

- राज्य स्तर पर (राज्यपाल - द्वारा) • सर्वप्रथम कार्यालय स्थापना - महाराष्ट्र (1971)

नीति आयोग : (राष्ट्रीय भारत परिवर्तन संस्थान)

- गठन - 1 जनवरी 2015 (योजना आयोग के स्थान पर)
- अध्यक्ष → PM (पदेन)
- न तो संवैधानिक और न ही सांविधिक
- शासी परिषद के सदस्य → सभी राज्यों के मुख्यमंत्री, केन्द्रशासित प्रदेशों के उपराज्यपाल
- उपाध्यक्ष - PM द्वारा नियुक्त
  - → प्रथम - अरविन्द पनगढ़िया
  - वर्तमान - सुमन बेरी
- मुख्य कार्यकारी अधिकारी → बी. वी. आर सुब्रह्मण्यम

राष्ट्रीय हरित अधिकरण (NGT)

- वैधानिक निकाय
- स्थापना - 18 अक्टूबर, 2010 (राष्ट्रीय हरित अधिकरण अधिनियम 2010 के तहत)
- संरचना - अध्यक्ष, न्यायिक सदस्य, विशेषज्ञ सदस्य
- कार्यकाल - 3 वर्ष या 65 वर्ष (जो भी पहले हो)
- अध्यक्ष की नियुक्ति - मुख्य न्यायाधीश के परामर्श से केन्द्र सरकार द्वारा
- सदस्य - न्यूनतम 10, अधिकतम 20 • मुख्यालय - दिल्ली
- क्षेत्रीय कार्यालय - 4 (भोपाल, पुणे, कोलकाता, चैन्नई)

23 परिशिष्ट

प्रमुख अनुच्छेद एवं सम्बन्धित क्षेत्र

संघ (भाग-I)	
1	संघ का नाम और राज्यक्षेत्र
2	नए राज्यों का प्रवेश या स्थापना
2A	सिक्किम को संघ के साथ जोड़ा जाए (निरस्त)
3	नए राज्यों का नाम, वर्तमान राज्यों और पुराने राज्यों के क्षेत्रफल, सीमा व नाम परिवर्तन
4	पहली और चौथी अनुसूची के संशोधन तथा अनुपूरक, अनुषांगिक और परिमाणिक विषयों का उपबन्ध करने के लिए अनुच्छेद 2 और 3 के अन्तर्गत बनाई गई विधियाँ
संघ (भाग-II)	
5	संविधान के प्रारम्भ में नागरिकता
6	पाकिस्तान से भारत को प्रवर्जन करने वाले कुछ व्यक्तियों की नागरिकता के अधिकार
7	पाकिस्तान को प्रवर्जन करने वाले कुछ व्यक्तियों की नागरिकता के अधिकार
8	भारत से बाहर रहने वाले भारतीय मूल के कुछ व्यक्तियों की नागरिकता के अधिकार
9	विदेशी राज्य की नागरिकता, स्वेच्छा से अर्जित करने वाले व्यक्तियों का नागरिक न होना
10	नागरिकता के अधिकारों का बना रहना
11	संसद द्वारा नागरिकता के अधिकार का विधि द्वारा विनियम किया जाना
संघ (भाग-III)	
12	परिभाषा
13	मूल अधिकारों से असंगत या उनका अल्पीकरण करने वाली विधियाँ
14	विधि के समक्ष समानता
15	धर्म, मूलवंश, जाति, लिंग या जन्म स्थान के आधार पर भेदभाव का निषेध
16	लोक नियोजन के विषय में अवसर की समता
17	अस्पृश्यता का अन्त
18	उपाधियों का अन्त
19	वाक् स्वतन्त्रता आदि विषयक्, कुछ अधिकारों का संरक्षण
20	अपराध के लिए दोषसिद्धि के सम्बन्ध में संरक्षण
21	प्राण और दैहिक स्वतन्त्रता का संरक्षण
21A	प्रारम्भिक शिक्षा का अधिकार
22	कुछ दशाओं में गिरफ्तारी और निरोध में संरक्षण
23	बलात श्रम व मानव के दुर्व्यापार का निषेध
24	कारखानों में बाल श्रम आदि का निषेध
25	अन्त:करण की ओर धर्म के अबाध रूप से मानने, आचरण और प्रचार करने की स्वतन्त्रता
26	धार्मिक कार्यों के प्रबन्ध की स्वतन्त्रता
27	किसी धर्म विशेष की अभिवृद्धि के लिए करों के संदाय के बारे में स्वतन्त्रता
28	निश्चित शैक्षणिक संस्थानों में धार्मिक निर्देशों अथवा पूजा में उपस्थिति होने की स्वतन्त्रता
29	अल्पसंख्यक वर्गों के हितों का संरक्षण
30	शिक्षा संस्थाओं की स्थापना और प्रशासन करने का अल्पसंख्यक वर्गों का अधिकार
31	सम्पत्ति का अनिवार्य अधिग्रहण (निरस्त)
31A	सम्पदाओं आदि के अर्जन के लिए उपबन्ध करने वाली विधियों की व्यावृत्ति
31B	कुछ अधिनियमों और विनियमों का विधिमान्यकरण
31C	कुछ निदेशक तत्त्वों को प्रभावी करने वाली विधियों की व्यावृत्ति
31	राष्ट्रविरोधी गतिविधियों के सम्बन्ध में कानूनों का बचाव (निरस्त)
32	इस भाग द्वारा प्रदत्त अधिकारी को प्रवर्तित कराने के लिए उपचार
32A	अनुच्छेद 32 के अन्तर्गत कार्यवाहियों में राज्य अधिनियमों की संवैधानिक वैधता पर विचार नहीं (निरस्त)
33	इस भाग द्वारा प्रदत्त अधिकारों के बलों आदि को लागू होने में, उपान्तरण करने की संसद की शक्ति
34	जब किसी क्षेत्र में सेना विधि प्रवृत्त है, तब इस भाग द्वारा प्रदत्त अधिकारों पर निर्बन्धन
35	इस भाग के उपबन्धों को प्रभावी करने का विधान

राज्य के नीति-निदेशक तत्त्व (भारत)	
36	परिभाषा
37	इस भाग में अन्तर्विष्ट तत्त्वों का लागू होना
38	राज्य लोक कल्याण की अभिवृद्धि के लिए सामाजिक व्यवस्था बनाएगा।
39	राज्य द्वारा अनुसरणीय कुछ नीति तत्त्व
39 A	समान न्याय और नि:शुल्क विधिक सहायता
40	ग्राम पंचायतों का संगठन
41	कुछ दशाओं में काम, शिक्षा और लोक सहायता पाने का अधिकार
42	काम की न्यायसंगत और मानवोचित दशाओं का तथा प्रसूति सहायता का उपबन्ध
43	कर्मकारों के लिए निर्वाह मजदूरी आदि
43 (A)	उद्योगों के प्रबन्ध में कार्मकारों का भाग लेना
43 (B)	सहकारी समितियों को बढ़ावा/उन्नयन
44	नागरिकों के लिए एक समान सिविल संहिता
45	बालकों के (छ: वर्ष से कम आयु के) लिए नि:शुल्क और अनिवार्य शिक्षा का उपबन्ध
46	अनुसूचित जाति, अनुसूचित जनजाति तथा अन्य दुर्बल वर्गों के शिक्षा और अर्थ सम्बन्धी हितों की अभिवृद्धि
47	पोषाहार स्तर और जीवन स्तर को उँचा करने तथा लोक स्वास्थ्य को सुधारने का राज्य का कर्त्तव्य
48	कृषि और पशुपालन का संगठन
48 (A)	पर्यावरण का संरक्षण और संवर्धन और वन तथा वन्य जीवों की रक्षा
49	राष्ट्रीय महत्त्व के संस्मारकों, स्थानों और वस्तुओं का संरक्षण
50	कार्यपालिका से न्यायपालिका का पृथक्करण
51	अन्तर्राष्ट्रीय शान्ति और सुरक्षा की अभिवृद्धि
मूल कर्त्तव्य (भाग-IV-A)	
51	मूल कर्त्तव्य
राष्ट्रपति और उपराष्ट्रपति (भाग-V)	
52	भारत के राष्ट्रपति
53	संघ की कार्यपालिका शक्ति
54	राष्ट्रपति का निर्वाचन
55	राष्ट्रपति के निर्वाचन की रीति
56	राष्ट्रपति की पदावधि
57	पुनर्निर्वाचन के लिए पात्रता
58	राष्ट्रपति निर्वाचन होने के लिए अर्हताएँ
59	राष्ट्रपति के पद के लिए शर्तें
60	राष्ट्रपति द्वारा शपथ या प्रतिज्ञान
61	राष्ट्रपति पर महाभियोग चलाने की प्रक्रिया
62	राष्ट्रपति के पद में रिक्ति को भरने के लिए निर्वाचन करने का समय और आकस्मिक रिक्ति को भरने के लिए निर्वाचित व्यक्ति की पदावधि
63	भारत का उपराष्ट्रपति
64	उपराष्ट्रपति का राज्यसभा का पदेन सभापति होना
65	राष्ट्रपति के पद में आकस्मिक रिक्ति के दौरान या उसकी अनुपस्थिति में उपराष्ट्रपति का राष्ट्रपति के रूप में कार्य करना या उसके कृत्यों का निर्वहन
66	उपराष्ट्रपति का निर्वाचन
67	उपराष्ट्रपति की पदावधि
68	उपराष्ट्रपति के पद में रिक्ति को भरने के लिए निर्वाचन करने का समय और आकस्मिक रिक्ति को भरने के लिए निर्वाचित व्यक्ति की पदावधि
69	उपराष्ट्रपति द्वारा शपथ या प्रतिज्ञान
70	अन्य आकस्मिकताओं में राष्ट्रपति के कृत्यों का निर्वहन
71	राष्ट्रपति या उपराष्ट्रपति के निर्वाचन से सम्बन्धित या संशक्त विषय
72	क्षमता आदि की और कुछ मामलों में दण्डादेश के निलम्बन, परिहार या लघुकरण की राष्ट्रपति की शक्ति
73	संघ की कार्यपालिका शक्ति का विस्तार
केन्द्रीय मन्त्रिपरिषद् और भारत का महान्यायवादी (भाग-V)	
74	राष्ट्रपति को सहायता और सलाह देने के लिए मन्त्रिपरिषद्
75	मन्त्रियों के बारे में अन्य उपबन्ध
76	भारत का महान्यायवादी
77	भारत सरकार के कार्य का संचालन
78	राष्ट्रपति को जानकारी देने आदि के सम्बन्धों में प्रधानमन्त्री के कर्त्तव्य
संसद (भाग-V)	
79	संसद का गठन
80	राज्यसभा की संरचना
81	लोकसभा की संरचना
82	प्रत्येक जनगणना के पश्चात् पुन: समायोजन
83	संसद के सदनों की अवधि
84	संसद की सदस्यता के लिए अर्हता
85	संसद के सत्र, सत्रावसान और विघटन
86	सदनों में अभिभाषण का और उनको सन्देश भेजने का राष्ट्रपति का अधिकार

87	राष्ट्रपति का विशेष अभिभाषण
88	सदनों के बारे में मन्त्रियों और महान्यायवादी के अधिकार
89	राज्यसभा का सभापति और उपसभापति
90	उपसभापति का पद रिक्त होना, पद त्याग और पद से हटाया जाना
91	सभापति के पद के कर्त्तव्यों का पालन करने या सभापति के रूप में कार्य करने की उपसभापति या अन्य व्यक्तियों की शक्ति
92	जब सभापति या उपसभापति को पद से हटाने का कोई संकल्प विचारधीन है, तब उसका पीठासीन न होना
93	लोकसभा के अध्यक्ष और उपाध्यक्ष
94	अध्यक्ष और उपाध्यक्ष का पद रिक्त होना, पद त्याग और पद से हटाया जाना
95	अध्यक्ष के पद के कर्त्तव्यों का पालन करने या अध्यक्ष के रूप में कार्य करने की उपाध्यक्ष या अन्य व्यक्ति की शक्ति
121	संसद में चर्चा पर निर्बन्धन
122	न्यायालयों द्वारा संसद की कार्यवाहियों की जाँच न किया जाना
123	संसद के विश्रान्ति काल में अध्यादेश प्रख्यापित करने की राष्ट्रपति की शक्ति

उच्चतम न्यायालय (भाग–V)

124	उच्चतम न्यायालय की स्थापना और गठन
124 (A)	राष्ट्रीय न्यायिक नियुक्ति आयोग (निरस्त)
124 (B)	आयोग के कार्य (निरस्त)
124 (c)	संसद की कानून बनाने की शक्ति (निरस्त)
125	न्यायाधीशों के वेतन आदि
126	कार्यकारी मुख्य न्यायमूर्ति की नियुक्ति
127	तदर्थ न्यायाधीशों की नियुक्ति
128	उच्चतम न्यायालय की बैठकों में सेवानिवृत्त न्यायाधीशों की उपस्थिति
129	उच्चतम न्यायालय का अभिलेख न्यायालय होना
130	उच्चतम न्यायालय का स्थान
131	उच्चतम न्यायालय की आरम्भिक अधिकारिता
131(A)	केन्द्रीय अधिकारियों की संवैधानिक वैधता से सम्बन्धित प्रश्न पर विचार करने के लिए सर्वोच्च न्यायालय का विशेष क्षेत्राधिकार (निरस्त)
132	कुछ मामलों में उच्च न्यायालयों से अपीलों में उच्चतम न्यायालय की अपीली अधिकारिता
133	उच्च न्यायालय से सिविल विषयों से सम्बन्धित अपीलों में उच्चतम न्यायालय की अपीली अधिकारिता
134	दाण्डिक विषयों में उच्चतम न्यायालय की अपीली अधिकारिता
135	विद्यमान विधि के अधीन फेडरल न्यायालय की अधिकारिता और शक्तियों का उच्चतम न्यायालय द्वारा प्रयोक्तव्य होना
136	अपील के लिए उच्चतम न्यायालय की विशेष अनुमति
137	निर्णयों या आदेशों का उच्चतम न्यायालय द्वारा पुनर्विलोकन
139	कुछ रिट निकालने की शक्तियों का उच्चतम न्यायालय को प्रदत्त किया जाना
140	उच्चतम न्यायालय की अनुषांगिक शक्तियाँ
141	उच्चतम न्यायालय द्वारा घोषित विधि का सभी न्यायालयों पर आबद्धकर होना
142	उच्चतम न्यायालय की डिक्रियों और आदेशों का प्रवर्तन और प्रकटीकरण आदि के बारे में आदेश
143	उच्चतम न्यायालय से परामर्श करने की राष्ट्रपति की शक्ति
144	सिविल और न्यायिक प्राधिकारियों द्वारा उच्चतम न्यायालय की सहायता में कार्य किया जाना
144 A	नियमों की संवैधानिक वैधता से सम्बन्धित प्रश्नों के निस्तारण के लिए विशेष प्रावधान (निरस्त)
145	न्यायालय के नियम आदि
146	उच्चतम न्यायालय के अधिकारी और सेवक तथा व्यय
147	निर्वचन

भारत का नियन्त्रक एवं महालेखा परीक्षक (भाग–V)

148	भारत का नियन्त्रक एवं महालेखा परीक्षक
149	नियन्त्रक एवं महालेखा परीक्षक के कर्त्तव्य और शक्तियाँ
150	संघ के और राज्यों के लेखाओं का प्रारूप
151	सम्परीक्षा प्रतिवेदन

राज्यपाल (भाग–VI)

152	परिभाषा
153	राज्यों के राज्यपाल
154	राज्यपाल की कार्यपालिका शक्ति
155	राज्यपाल की नियुक्ति
156	राज्यपाल की पदावधि
157	राज्यपाल नियुक्त होने के लिए अर्हताएँ
158	राज्यपाल के पद के लिए शर्तें
159	राज्यपाल द्वारा शपथ या प्रतिज्ञान
160	कुछ आकस्मिकताओं में राज्यपाल के कृत्यों का निर्वहन
161	क्षमा आदि की और कुछ मामलों में दण्डादेश के निलम्बन, परिहार या लघुकरण की राज्यपाल की शक्ति
162	राज्य की कार्यपालिका शक्ति का विस्तार

राज्य मन्त्रिपरिषद् और महाधिवक्ता (भाग-VI)	
163	राज्यपाल को सहायता और सलाह देने के लिए मन्त्रिपरिषद्
164	मन्त्रियों के बारे में अन्य उपबन्ध
165	राज्य का महाधिवक्ता
166	राज्य की सरकार के कार्य का संचालन
167	राज्यपाल को जानकारी देने आदि के सम्बन्ध में मुख्यमन्त्री के कर्त्तव्य

राज्य का विधानमण्डल (भाग-VI)	
168	राज्यों के विधानमण्डलों का गठन
169	राज्य में विधानपरिषदों का उत्पादन या सृजन
170	विधानसभाओं की संरचना
171	विधानपरिषदों की संरचना
172	राज्यों के विधानमण्डलों की अवधि
173	राज्य के विधानमण्डल की सदस्यता के लिए अर्हता
174	राज्य के विधानमण्डल के सत्र, सत्रावसान और विघटन
175	सदन या सदनों में अभिभाषण का और उनकों सन्देश भेजने का राज्यपाल का अधिकार
176	राज्यपाल का विशेषण अभिभाषण
177	सदनों के विषय में मन्त्रियों और महाधिवक्ता के अधिकार
178	विधानसभा के अध्यक्ष और उपाध्यक्ष
179	अध्यक्ष और उपाध्यक्ष का पद रिक्त होना, पद त्याग और पद से हटाया जाना
180	अध्यक्ष के पद के कर्त्तव्यों का पालन करने या अध्यक्ष के रूप में कार्य करने की उपाध्यक्ष या अन्य व्यक्ति की शक्ति
181	जब अध्यक्ष या उपाध्यक्ष को पद से हटाने का कोई संकल्प विचाराधीन है, तब उसका पीठासीन न होना
182	विधानपरिषद् का सभापति और उप-सभापति
183	सभापति और उप-सभापति का पद रिक्त होना, पद त्याग और पद से हटाया जाना
184	सभापति के पद के कर्त्तव्यों का पालन करने या सभापति के रूप में कार्य करने की उप-सभापति या अन्य व्यक्ति की शक्ति
185	जब सभापति या उप-सभापति को पद से हटाने का कोई संकल्प विचाराधीन है, तब उसका पीठासीन न होना
186	अध्यक्ष और उपाध्यक्ष तथा सभापति और उप-सभापति के वेतन और भत्ते
187	राज्य के विधानमण्डल का सचिवालय
188	सदस्यों द्वारा शपथ या प्रतिज्ञान
188	के अधीन शपथ लेने या प्रतिज्ञान करने से पहले या अर्हित न होते हुए या निरर्हित किए जाने पर बैठने और मत देने के लिए शास्ति
189	सदनों में मतदान, रिक्तियों के होते हुए भी सदनों की कार्य करने की शक्ति और गणपूति
189	सदनों में मतदान, रिक्तियों के होते हुए भी सदनों की कार्य करने की शक्ति और गणपूति
190	स्थानों का रिक्त होना
191	सदस्यता के लिए निरर्हताएँ
192	सदस्यों की निरर्हताओं से सम्बन्धित प्रश्नों पर विनिश्चय
193	अनुच्छेद
194	विधानमण्डलों के सदनों की तथा उनके सदस्यों और समितियों की शक्तियाँ, विशेषाधिकार आदि
195	सदस्यों के वेतन और भत्ते
196	विधेयकों के पुनःस्थापन और पारित किए जाने के सम्बन्ध में उपबन्ध
197	धन विधेयकों से भिन्न विधेयकों के बारे में विधानपरिषद् की शक्तियों पर निर्बन्धन
198	धन विधेयकों के सम्बन्ध में विशेष प्रक्रिया
199	धन विधेयकों की परिभाषाएँ
200	विधेयकों पर अनुमति
201	विचार के लिए आरक्षित विधेयक
202	वार्षिक वित्तीय विवरण
203	विधानमण्डल में प्राक्कलनों के सम्बन्ध में प्रक्रिया
204	विनियोग विधेयक
205	अनुपूरक, अतिरिक्त या अधिक अनुदान
206	लेखानुदान, प्रत्ययानुदान और अपवादानुदान
207	वित्त विधेयकों के बारे में विशेष उपबन्ध
208	प्रक्रिया के नियम
209	राज्य के विधानमण्डल में वित्तीय कार्य सम्बन्धी प्रक्रिया का विधि द्वारा विनियमन
210	विधानमण्डल में प्रयोग की जाने वाली भाषा
211	विधानमण्डल में चर्चा पर निर्बन्धन
212	न्यायालयों द्वारा विधानमण्डल की कार्यवाहियों की जाँच न किया जाना
213	विधानमण्डल के विश्रान्तिकाल में अध्यादेश प्रख्यापित करने की राज्यपाल की शक्ति

उच्च न्यायालय (भाग-VI)	
214	राज्यों के लिए उच्च न्यायालय
215	उच्च न्यायालयों का अभिलेख न्यायालय होना
216	उच्च न्यायालयों का गठन
217	उच्च न्यायालयों के न्यायाधीश की नियुक्ति और उसके पद की शर्तें
218	उच्चतम न्यायालय से सम्बन्धित कुछ उपबन्धों का उच्च न्यायालयों में लागू होना
219	उच्च न्यायालयों के न्यायाधीशों द्वारा शपथ या प्रतिज्ञान
220	स्थायी न्यायाधीश रहने के पश्चात् विधि व्यवसाय पर निर्बन्धन
221	न्यायाधीशों के वेतन आदि
222	किसी न्यायाधीश का एक उच्च न्यायालय से दूसरे न्यायालय का अन्तरण
223	कार्यकारी मुख्य न्यायमूर्ति की नियुक्ति
224	अपर और कार्यकारी न्यायाधीशों की नियुक्ति
224	उच्च न्यायालयों की बैठकों में सेवानिवृत्त न्यायाधीशों की नियुक्ति
225	विद्यमान उच्च न्यायालयों की अधिकारिता
226	कुछ रिट निकालने की उच्च न्यायालय की शक्ति
226	अनुच्छेद 226 के अन्तर्गत कार्यवाहियों में केन्द्रीय अधिनियमों की संवैधानिक वैधता पर विचार नहीं (निरस्त)
227	सभी न्यायालयों के अधीक्षण की उच्च न्यायालय की शक्ति
228	कुछ मामलों का उच्च न्यायालय को अन्तरण
228	राज्य अधिनियमों की संवैधानिक वैधता से सम्बन्धित प्रश्नों के निस्तारण के लिए विशेष प्रावधान (निरस्त)
229	उच्च न्यायालयों के अधिकारी और सेवक तथा व्यय
230	उच्च न्यायालयों की अधिकारिता का संघ राज्यक्षेत्रों पर विस्तार
231	दो-या-दो से अधिक राज्यों के लिए एक ही उच्च न्यायालय की स्थापना
232	व्याख्या (निरस्त)

अधीनस्थ न्यायालय (भाग-VI)	
233	जिला न्यायाधीशों की नियुक्ति
233	कुछ जिला न्यायाधीशों की नियुक्तियों का और उनके द्वारा किए गए निर्णयों आदि का विधिमान्यकरण
234	न्यायिक सेवा में जिला न्यायाधीशों से भिन्न व्यक्तियों की भर्ती
235	अधीनस्थ न्यायालयों पर नियन्त्रण
236	निर्वाचन
237	कुछ वर्ग या वर्गों के मजिस्ट्रेटों पर इस अध्याय के उपबन्धों का लागू होना

प्रथम अनुसूची के भाग-B में राज्य (निरस्त) (भाग-VII)	
238	राज्य के भाग-VII के प्रावधानों का पहली अनुसूची के भाग-बी में लागू होना (निरस्त)

संघ राज्यक्षेत्र (भाग-VIII)	
239	संघ राज्यक्षेत्र का प्रशासन
239	कुछ संघ राज्यक्षेत्रों के लिए स्थानीय विधानमण्डल या मन्त्रिपरिषदों का या दोनों का सृजन
239	दिल्ली के सम्बन्ध में विशेष उपबन्ध
239B	सांविधानिक तन्त्र के विफल हो जाने की दशा में उपबन्ध
239B	विधानमण्डल के विश्रान्तिकाल में अध्यादेश प्रख्यापित करने की प्रशासक की शक्ति
240	कुछ संघ राज्यक्षेत्रों के लिए विनिमय बनाने की राष्ट्रपति की शक्ति
241	संघ राज्यक्षेत्रों के लिए उच्च न्यायालय
242	कुर्ग (निरस्त)

पंचायतें (भाग-IX)	
243	परिभाषाएँ
243A	ग्राम सभा
243B	पंचायतों का गठन
243C	पंचायतों की संरचना
243D	स्थानों का आरक्षण
243E	पंचायतों की अवधि आदि
243F	सदस्यता के लिए निरर्हताएँ
243G	पंचायतों की शक्तियाँ, प्राधिकार और उत्तरदायित्व
243H	पंचायतों द्वारा कर अधिरोपित करने की शक्तियाँ और उनकी निधियाँ
243I	वित्तीय स्थिति के पुनर्विलोकन के लिए वित्त आयोग का गठन
243J	पंचायतों के लेखाओं की सम्परीक्षा
243K	पंचायतों के लिए निर्वाचन
243L	संघ राज्यक्षेत्रों का लागू होना
243M	इस भाग का कतिपय क्षेत्रों में लागू न होना
243N	विद्यमान विधियों और पंचायतों का बना रहना
243O	निर्वाचन सम्बन्धी मामलों में न्यायालयों के हस्तक्षेप का वर्जन

नगरपालिकाएँ (भाग-IX-A)	
243P	परिभाषाएँ
243Q	नगरपालिकाओं का गठन
243R	नगरपालिकाओं की संरचना
243S	वार्ड समितियों आदि का गठन और संरचना
243T	स्थानों का आरक्षण

243U	नगरपालिकाओं की अवधि आदि
243V	सदस्यता के लिए निरर्हताएँ
243W	नगरपालिकाओं आदि की शक्तियाँ, प्राधिकार और उत्तरदायित्व
243X	नगरपालिकाओं द्वारा कर अधिरोपित करने की शक्ति और उनकी निधियाँ
243Y	वित्त आयोग
243Z	नगरपालिकाओं के लेखाओं की सम्परीक्षा
243ZA	नगरपालिकाओं के लिए निर्वाचन
243ZB	संघ राज्यक्षेत्रों का लागू होना
243ZC	इस भाग का कतिपय क्षेत्रों पर लागू न होना
243ZD	जिला योजना के लिए समिति
243ZE	महानगर योजना के लिए समिति
243ZF	विद्यमान विधियों और नगरपालिकाओं का बना रहना
243ZG	निर्वाचन सम्बन्धी मामलों में न्यायालयों के हस्तक्षेप का वर्जन
सहकारी समितियाँ (भाग-IX-A)	
243ZH	परिभाषाएँ
243ZI	सहकारी समितियों का सम्मेलन
243ZJ	बोर्ड के सदस्यों एवं पदाधिकारियों की संख्या तथा कार्यकाल
243ZK	बोर्ड के सदस्यों का चुनाव
243ZL	बोर्ड की बर्खास्तगी तथा निलम्बन एवं अन्तरिम व्यवस्था
243ZM	सहकारी समितियों के लेखों का अंकेक्षण
243ZN	सामान्य निकाय सभा की बैठक आहूत करना
243ZO	सदस्य का सूचना पाने का अधिकार
243ZP	रिटर्न/विवरणी
243ZQ	अपराध एवं दण्ड
243ZR	बहुराज्यव्यापी सहकारी समितियों का लागू होना
243ZS	संघराज्य क्षेत्रों को लागू होना
243ZT	वर्तमान कानूनों का जारी रहना
अनुसूचित और जनजाति क्षेत्र (भाग-X)	
244	अनुसूचित क्षेत्रों और जनजाति क्षेत्रों का प्रशासन
244	असम के कुछ जनजाति क्षेत्रों को समाविष्ट करने वाला एक स्वशासी राज्य बनाना और उसके लिए स्थानीय विधानमण्डल या मन्त्रिपरिषद् का या दोनों का सृजन
संघ और राज्यों के बीच सम्बन्ध (भाग-XI) **संघ और राज्यों के बीच विधायिक सम्बन्ध**	
245	संसद द्वारा और राज्यों के विधानमण्डलों द्वारा बनाई गई विधियों का विस्तार
246	संसद द्वारा और राज्यों के विधानमण्डलों द्वारा बनाई गई विधियों की विषय-वस्तु
246	वस्तु और सेवा के सम्बन्ध में विशेष प्रावधान
247	कुछ अतिरिक्त न्यायालयों की स्थापना का उपबन्ध करने की संसद की शक्ति
248	अवशिष्ट विधायी शक्तियाँ
249	राज्य सूची के विषय के सम्बन्ध में राष्ट्रीय हित में विधि बनाने की संसद की शक्ति
250	यदि आपात की उद्घोषणा प्रवर्तन में हो, तो राज्य सूची के विषय के सम्बन्ध में विधि बनाने की संसद की शक्ति
251	संसद द्वारा अनुच्छेद 249 और अनुच्छेद 250 के अधीन बनाई गई विधियों और राज्यों के विधानमण्डलों द्वारा बनाई गई विधियों में असंगति
252	दो-या-दो से अधिक राज्यों के लिए उनकी सहमति से विधि बनाने की संसद की शक्ति और ऐसी विधि का किसी अन्य राज्य द्वारा अंगीकार किया जाना
253	अन्तर्राष्ट्रीय करारों को प्रभावी करने के लिए विधान
254	संसद द्वारा बनाई गई विधियों और राज्यों के विधानमण्डलों द्वारा बनाई गई विधियों में असंगति
255	सिफारिशों और पूर्व अनुमति के बारे में अपेक्षाओं को केवल प्रक्रिया के विषय मानना
संघ-राज्य प्रशासनिक सम्बन्ध (भाग-XI)	
256	राज्यों की और संघ की बाध्यता
257	कुछ दशाओं में राज्यों पर संघ का नियन्त्रण
257	राज्यों को सशस्त्र बलों अथवा संघ के अन्य बलों की तैनाती में सहयोग (निरस्त)
258	कुछ दशाओं में राज्यों को शक्ति प्रदान करने आदि की संघ की शक्ति
258	संघ को कृत्य सौंपने की राज्यों की शक्ति
259	पहली अनुसूची के भाग-ँ में राज्यों में सशस्त्र बल (निरस्त)
260	भारत के बाहर के राज्यक्षेत्रों के सम्बन्ध में संघ की अधिकारिता
261	सार्वजनिक कार्य, अभिलेख और न्यायिक कार्यवाहियाँ
262	अन्तर्राज्यीय नदियों या नदी-दूनों के जल सम्बन्धी विवादों का न्यायनिर्णयन
263	अन्तर्राज्यीय परिषद् के सम्बन्ध में उपबन्ध
संघ-राज्य वित्तीय सम्बन्ध (भाग-XII)	
264	निर्वचन
265	विधि के प्राधिकार के बिना करों का अधिरोपण न किया जाना
266	भारत और राज्यों की संचित निधियाँ और लोक लेखें
267	आकस्मिकता निधि
268	संघ द्वारा उद्गृहीत किए जाने वाले, किन्तु राज्यों द्वारा संगृहीत और विनियोजित किए जाने वाले शुल्क

संघ-राज्य वित्तीय सम्बन्ध (भाग-XII)	
268	संघ द्वारा उद्गृहीत सेवा कर तथा संघ एवं राज्यों द्वारा संकलित एवं विनियोजित (निरस्त)
269	संघ द्वारा उद्गृहीत और संगृहीत, किन्तु राज्यों को सौंपे जाने वाले कर
270	संघ द्वारा उद्गृहीत एवं संगृहीत कर और उनका संघ तथा राज्यों के बीच वितरण
271	कुछ शुल्कों और करों पर संघ के प्रयोजनों के लिए अधिभार
272	ऐसे कर जो कि संघ द्वारा आरोपित एवं संगृहीत किए जाते हैं और जो संघ तथा राज्यों के बीच वितरित किए जा सकते हैं (निरस्त)
273	जूट और जूट उत्पादों पर निर्यात शुल्क के स्थान पर अनुदान
274	ऐसे कराधान पर जिसमें राज्य हितबद्ध है, प्रभाव डालने वाले विधयेकों के लिए राष्ट्रपति की पूर्व सिफारिश की अपेक्षा
275	कुछ राज्यों को संघ से अनुदान
276	वृत्तियों, व्यापारों, आजीविकाओं और नियोजनों पर कर
277	व्यावृत्ति
278	पहली अनुसूची के भाग-B में उल्लिखित वित्तीय मामलों में राज्यों के साथ समझौता (निरस्त)
279	शुद्ध आगम आदि की गणना
279	वस्तु और सेवा कर परिषद्
280	वित्त आयोग
281	वित्त आयोग की सिफारिशें
282	संघ या राज्य द्वारा अपने राजस्व से किए जाने वाले व्यय
283	संचित निधियों, आकस्मिकता निधियों और लोक लेखाओं में जमा धनराशियों की अभिरक्षा आदि
284	लोक सेवकों और न्यायालयों द्वारा प्राप्त वादकर्ताओं की जमा राशियों और अन्य धनराशियों की अभिरक्षा
285	संघ की सम्पत्ति को राज्य कराधान से छूट
286	माल के क्रय या विक्रय पर कर के अधिरोपण के बारे में निर्बन्धन
287	विद्युत पर करों से छूट
288	जल या विद्युत पर करों से छूट
289	राज्यों की सम्पत्ति और आय को संघ के कराधान से छूट
290	कुछ व्ययों और पेंशनों के सम्बन्ध में समायोजन
290	कुछ देवस्वम् निधियों को वार्षिक संदाय
291	शासकों की प्रिवी पर्स की राशि (निरस्त)
292	भारत सरकार द्वारा उधार लेना
293	राज्यों द्वारा उधार लेना
सरकार के अधिकार और दायित्व (भाग-XII)	
294	कुछ दशाओं में सम्पत्ति, आस्तियों, अधिकारों, दायित्वों और बाध्यताओं का उत्तराधिकार

सरकार के अधिकार और दायित्व (भाग-XII)	
295	अन्य दशाओं में सम्पत्ति, आस्तियों, अधिकारों, दायित्वों और बाध्यताओं का उत्तराधिकार
296	राजगामी या व्यपगत या स्वामीविहीन होने से प्रोद्भूत सम्पत्ति
297	राज्यक्षेत्रीय सागर खण्ड या महाद्वीपीय मग्नतट भूमि में स्थित मूल्यवान चीजों और अनन्य आर्थिक क्षेत्र के सम्पत्ति स्रोतों का संघ में निहित होना
298	व्यापार करने आदि की शक्ति
299	संविदाएँ
300	वाद और कार्यवाहियाँ
सम्पत्ति का अधिकार (भाग-XII)	
300	विधि के प्राधिकार के बिना व्यक्तियों को सम्पत्ति से वंचित न किया जाना
भारत के राज्यक्षेत्र के भीतर व्यापार, वाणिज्य और समागम (भाग-XIII)	
301	व्यापार, वाणिज्य और समागम की स्वतन्त्रता
302	व्यापार, वाणिज्य और समागम पर निर्बन्धन अधिरोपित करने की संसद की शक्ति
303	व्यापार और वाणिज्य के सम्बन्ध में संघ और राज्यों की विधायी शक्तियों पर निर्बन्धन
304	राज्यों के बीच व्यापार, वाणिज्य और समागम पर निर्बन्धन
305	विद्यमान विधियों और राज्य के एकाधिकार का उपबन्ध करने वाली विधियों की व्यावृत्ति
306	पहली अनुसूची के भाग-B में उल्लिखित राज्यों की व्यापार एवं वाणिज्य पर प्रतिबन्ध लगाने की शक्ति (निरस्त)
307	अनुच्छेद 301 से अनुच्छेद 304 के प्रयोजनों को कार्यान्वित करने के लिए प्राधिकारी की नियुक्ति
लोक सेवाएँ : संघ और राज्यों के अधीन सेवाएँ (भाग-XIV)	
308	निर्वाचन
309	संघ या राज्य की सेवा करने वाले व्यक्तियों की भर्ती और सेवा की शर्तें
310	संघ या राज्य की सेवा करने वाले व्यक्तियों की पदावधि
311	संघ या राज्य के अधीन सिविल हैसियत में नियोजित व्यक्तियों का पदच्युत किया जाना, पद से हटाया जाना या पंक्ति में अवनत किया जाना
312	अखिल भारतीय सेवाएँ
312	कुछ सेवाओं के अधिकारियों की सेवा की शर्तों में परिवर्तन करने या उन्हें प्रतिसंहत करने की संसद की शक्ति
313	संक्रमणकालीन उपबन्ध
314	कतिपय सेवाओं के पहले से सेवारत् अधिकारियों की सुरक्षा से सम्बन्धित प्रावधान (निरस्त)
लोक सेवा आयोग (भाग-XII)	
315	संघ और राज्यों के लिए लोक सेवा आयोग

लोक सेवा आयोग (भाग-XII)	
316	सदस्यों की नियुक्ति और पदावधि
317	लोक सेवा आयोग के किसी सदस्य का हटाया जाना और निलम्बित किया जाना
318	आयोग के सदस्यों और कर्मचारियों की सेवा की शर्तों के बारे में विनिमय बनाने की शक्ति
319	आयोग के सदस्यों द्वारा ऐसे सदस्य न रहने पर पद धारण करने के सम्बन्ध में प्रतिषेध
320	लोक सेवा आयोगों के कृत्य
321	लोक सेवा आयोगों के कृत्यों का विस्तार करने की शक्ति
322	लोक सेवा आयोगों के व्यय
323	लोक सेवा आयोगों के प्रतिवेदन
अधिकरण (भाग-XIV-A)	
323	प्रशासनिक अधिकरण
323B	अन्य विषयों हेतु अधिकरण
निर्वाचन (भाग-XV)	
324	निर्वाचनों के अधीक्षण, निदेशन और नियन्त्रण का निर्वाचन आयोग में निहित होना
325	धर्म, मूलवंश जाति या लिंग के आधार पर किसी व्यक्ति का निर्वाचक-नामावली में सम्मिलित किए जाने के लिए अपात्र न होना और उसके द्वारा किसी विशेष निर्वाचक-नामावली में सम्मिलित किए जाने का दावा न किया जाना
326	लोकसभा और राज्यों की विधानसभाओं के लिए निर्वाचनों का वयस्क मताधिकार के आधार पर होना
327	विधानमण्डलों के लिए निर्वाचनों के सम्बन्ध में उपबन्ध करने की संसद की शक्ति
328	किसी राज्य के विधानमण्डल के लिए निर्वाचनों के सम्बन्ध में उपबन्ध करने की उस विधानमण्डल की शक्ति
329	निर्वाचन सम्बन्धी मामलों में न्यायालयों के हस्तक्षेप का वर्जन
329	प्रधानमन्त्री तथा लोकसभा अध्यक्ष के मामले में संसद के लिए चुनाव सम्बन्धी विशेष प्रावधान (निरस्त)
कुछ वर्गों के सम्बन्ध में विशेष उपबन्ध (भाग-XVI)	
330	लोकसभा में अनुसूचित जातियों और अनुसूचित जनजातियों के लिए स्थानों का आरक्षण
331	लोकसभा में आंग्ल-भारतीय समुदाय का प्रतिनिधित्व
332	राज्यों की विधानसभाओं में अनुसूचित जातियों और अनुसूचित जनजातियों के लिए स्थानों का आरक्षण
333	राज्यों की विधान सभाओं में आंग्ल-भारतीय समुदाय का प्रतिनिधित्व
334	70 वर्ष पश्चात् सीटों का आरक्षण तथा विशेष प्रतिनिधित्व की समाप्ति
335	सेवाओं और पदों के लिए अनुसूचित जातियों और अनुसूचित जनजातियों के दावे

कुछ वर्गों के सम्बन्ध में विशेष उपबन्ध (भाग-XVI)	
336	कुछ सेवाओं में आंग्ल-भारतीय समुदाय के लिए विशेष उपबन्ध
337	आंग्ल-भारतीय समुदाय केस के फायदे के लिए शैक्षिक अनुदान के लिए विशेष उपबन्ध
338	राष्ट्रीय अनुसूचित जाति आयोग
338	राष्ट्रीय अनुसूचित जनजाति आयोग
338±	राष्ट्रीय पिछड़ा वर्ग आयोग
339	अनुसूचित क्षेत्रों के प्रशासन और अनुसूचित जातियों के कल्याण के बारे में संघ का नियन्त्रण
340	पिछड़े वर्गों की दशाओं के अन्वेषण के लिए आयोग की नियुक्ति
341	अनुसूचित जातियाँ
342	अनुसूचित जनजातियाँ
342	सामाजिक और शैक्षणिक पिछड़ा वर्ग
राजभाषा (भाग-XVII)	
343	संघ की राजभाषा
344	राजभाषा के सम्बन्ध में आयोग और संसद की समिति
345	राज्य की राजभाषा या राजभाषाएँ
346	एक राज्य और दूसरे राज्य के मध्य या किसी राज्य और संघ के मध्य पत्रादि की राजभाषा
347	किसी राज्य की जनसंख्या के किसी अनुभाग द्वारा बोली जाने वाली भाषा के सम्बन्ध में विशेष उपबन्ध
348	उच्चतम न्यायालय और उच्च न्यायालयों में और अधिनियमों, विधेयकों आदि के लिए प्रयोग की जाने वाली भाषा
349	भाषा से सम्बन्धित कुछ विधियाँ अधिनियमित करने के लिए विशेष प्रक्रिया
350	व्यथा के निवारण के लिए अभ्यावेदन में प्रयोग की जाने वाली भाषा
350A	प्राथमिक स्तर पर मातृभाषा में शिक्षा की सुविधाएँ
350B	भाषाई, अल्पसंख्यक वर्गों के लिए विशेष अधिकारी
351	हिन्दी भाषा के विकास के लिए निर्देश
आपातकालीन प्रावधान (भाग-XVIII)	
352	आपात की उद्घोषणा
353	आपात की उद्घोषणा का प्रभाव
354	जब आपात की उद्घोषणा प्रवर्तन में है, तब राजस्वों के वितरण सम्बन्धी उपबन्धों का लागू होना
355	बाह्य आक्रमण और आन्तरिक अशान्ति से राज्य की सुरक्षा करने का संघ का कर्त्तव्य
356	राज्यों में सांविधानिक तन्त्र के विफल हो जाने की दशा में उपबन्ध
357	अनुच्छेद 356 के अधीन की गई उद्घोषणा के अधीन विधायी शक्तियों का प्रयोग

आपातकालीन प्रावधान (भाग-XVIII)	
358	आपात के दौरान अनुच्छेद 19 के उपबन्धों का निलम्बन
359	आपात के दौरान भाग-III द्वारा प्रदत्त अधिकारों के प्रवर्तन का निलम्बन
359	इस भाग का पंजाब राज्य पर लागू होना (निरस्त)
360	वित्तीय आपात के बारे में उपबन्ध
विविध प्रावधान/प्रकीर्ण (भाग-XIX)	
361	राष्ट्रपति और राज्यपालों और राजप्रमुखों का संरक्षण
361A	संसद और राज्यों के विधानमण्डलों की कार्यवाहियों के प्रकाशन का संरक्षण
361B	लाभप्रद राजनैतिक पद पर नियुक्ति के लिए निरर्हता
362	भारतीय राज्य के शासकों के अधिकार एवं विशेषाधिकार (निरस्त)
363	कुछ सन्धियों, करारों आदि से उत्पन्न विवादों में न्यायालयों के हस्तक्षेप का वर्जन
363	देशी राज्यों के शासकों को दी गई मान्यता की समाप्ति और निजी उपाधियों का अन्त
364	महापत्तनों और विमानक्षेत्रों के बारे में विशेष उपबन्ध
365	संघ द्वारा दिए गए निर्देशों का अनुपालन करने में या उनको प्रभावी करने में असफलता का प्रभाव
366	परिभाषाएँ
367	निर्वाचन
संविधान का संशोधन (भाग-XX)	
368	संविधान का संशोधन करने की संसद की शक्ति और उसके लिए प्रक्रिया
अस्थायी, संक्रमणकालीन और विशेष उपबन्ध (भाग-XXI)	
369	राज्य सूची के कुछ विषयों के सम्बन्ध में विधि बनाने की संसद की इस प्रकार अस्थायी शक्ति मानना कि वे समवर्ती सूची के विषय में हो।
370	जम्मू-कश्मीर राज्य के सम्बन्ध में अस्थायी उपबन्ध
371	महाराष्ट्र और गुजरात राज्यों के सम्बन्ध में विशेष उपबन्ध
371A	नागालैण्ड राज्य के सम्बन्ध में विशेष उपबन्ध
371B	असम राज्य के सम्बन्ध में विशेष उपबन्ध
371C	मणिपुर राज्य के सम्बन्ध में विशेष उपबन्ध
37D	आन्ध्र प्रदेश या तेलंगाना राज्य के सम्बन्ध में विशेष उपबन्ध
371E	आन्ध्र प्रदेश में केन्द्रीय विश्वविद्यालय की स्थापना
371F	सिक्किम राज्य के सम्बन्ध में विशेष उपबन्ध
371G	मिजोरम राज्य के सम्बन्ध में विशेष उपबन्ध
371H	अरुणाचल प्रदेश राज्य के सम्बन्ध में विशेष उपबन्ध
371I	गोवा राज्य के सम्बन्ध में विशेष उपबन्ध
371J	कर्नाटक राज्य के सम्बन्ध में विशेष उपबन्ध
372	विद्यमान विधियों का प्रवृत्त बने रहना और उनका अनुकूलन

अस्थायी, संक्रमणकालीन और विशेष उपबन्ध (भाग-XXI)	
372	विधियों के अनुकूलन की राष्ट्रपति की शक्ति
373	निवारक निरोध में रखे गए व्यक्तियों के सम्बन्ध में कुछ दशाओं में आदेश करने की राष्ट्रपति की शक्ति
374	संघीय न्यायालय के न्यायाधीशों और संघीय न्यायालय में या सपरिषद् हिज मजेस्टी के समक्ष लम्बित कार्यवाहियों के बारे में उपबन्ध
375	संविधान के उपबन्धों के अधीन रहते हुए न्यायालयों, प्राधिकारियों और अधिकारियों का कृत्य करते रहना
376	उच्च न्यायालयों के न्यायाधीशों के बारे में उपबन्ध
377	भारत के नियन्त्रक महालेखापरीक्षक के बारे में उपबन्ध
378	लोक सेवा आयोगों के बारे में उपबन्ध
378A	आन्ध्र प्रदेश विधानसभा की अवधि के बारे में विशेष उपबन्ध
379	प्रान्तीय संसद एवं उसके अध्यक्ष एवं उपाध्यक्ष से सम्बन्धित प्रावधान (निरस्त)
380	राष्ट्रपति से सम्बन्धित प्रावधान (निरस्त)
381	राष्ट्रपति की मन्त्रिपरिषद् (निरस्त)
382	प्रथम अनुसूची के भाग-I में अन्तिम राज्य विधायिकाओं से सम्बन्धित प्रावधान (निरस्त)
383	प्रान्तों के राज्यपालों से सम्बन्धित प्रावधान (निरस्त)
384	प्रान्तों के राज्यपालों की मन्त्रिपरिषद् (निरस्त)
385	पहली अनुसूची के भाग-B में अन्तिम राज्य विधायिकाओं प्रावधान (निरस्त)
386	पहली अनुसूची के भाग-B में राज्यों के लिए मन्त्रिपरिषद् (निरस्त)
387	कतिपय चुनाव के उद्देश्य से जनसंख्या निर्धारण से सम्बन्धित प्रावधान (निरस्त)
388	अन्तिम संसद तथा राज्यों की अन्तिम विधायिकाओं में आकस्मिक रिक्तियों को भरने सम्बन्धी प्रावधान (निरस्त)
389	डोमेनियन विधायिका तथा प्रान्तों एवं भारतीय राज्यों की विधायिकाओं में लम्बित विधेयकों से सम्बन्धित प्रावधान (निरस्त)
390	संविधान लागू होने की तिथि से लेकर मार्च, 1950 के 31वें दिन के मध्य प्राप्त राशि तथा खर्च (निरस्त)
391	कतिपय आकस्मिकता में पहली एवं चौथी अनुसूची में संशोधन की राष्ट्रपति की शक्ति।
392	कठिनाइयों को दूर करने की राष्ट्रपति की शक्ति
संक्षिप्त नाम, प्रारम्भ हिन्दी में प्राधिकृत पाठ और निरसन (भाग-XXII)	
393	संक्षिप्त नाम
394	प्रारम्भ
394	हिन्दी भाषा में प्राधिकृत पाठ
395	निरस्त

वरीयता क्रम

क्रम सं०	पदाधिकारी
1	राष्ट्रपति
2	उपराष्ट्रपति
3	प्रधानमन्त्री
4	राज्यों के राज्यपाल (अपने राज्य में)
5	भूतपूर्व राष्ट्रपति
6	भारत के मुख्य न्यायाधीश / लोकसभा अध्यक्ष
7	केन्द्रीय कैबिनेट के मन्त्री / राज्यों के मुख्यमन्त्री अपने राज्य में / उपाध्यक्ष नीति आयोग / पूर्व प्रधानमन्त्री / लोकसभा व राज्यसभा में विपक्ष का नेता।
7(A)	भारत रत्न से सम्मानित व्यक्ति
8	राजदूत / उच्चायुक्त / राज्यों के मुख्यमन्त्री (अपने राज्य के बाहर) / राज्यों के राज्यपाल (अपने राज्य से बाहर)
9	सर्वोच्च न्यायालय के न्यायाधीश
9(A)	संघ लोक सेवा आयोग के अध्यक्ष / मुख्य निर्वाचन आयुक्त / नियन्त्रक एवं महालेखा परीक्षक
10	राज्यसभा के उप-सभापति / लोकसभा उपाध्यक्ष / केन्द्र में राज्य मन्त्री / राज्यों में उप-मुख्यमन्त्री / नीति आयोग के सदस्य
11	महान्यायवादी / कैबिनेट सचिव / अपराज्यपाल (अपने संघ शासित क्षेत्रों में)
12	जनरल तथा उसके समान रैंक वाले सेनाध्यक्ष
13	भारत स्थित विदेशों के असाधारण दूत / पूर्णाधिकारी मन्त्री
14	राज्यों के विधानमण्डलों के सदनों में सभापति और अध्यक्ष
15	राज्यों में मन्त्रिमण्डल के सदस्य (अपने-अपने राज्यों में व केन्द्र में उपमन्त्री)

महत्त्वपूर्ण वाद

वाद का नाम	सम्बन्धित विषय
ए.के. गोपालन बनाम मद्रास वाद (1950)	जीवन का अधिकार
शंकरी प्रसाद सिंह बनाम भारत संघ, 1951	मौलिक अधिकार में संशोधन
बेरुबारी वाद, 1960	अनुच्छेद - 3 से सम्बन्धित
गोलकनाथ बनाम पंजाब राज्य, 1967	सम्पत्ति का अधिकार
केशवानन्द भारती बनाम केरल राज्य, 1973	मूलभूत ढाँचा
मेनका गाँधी बनाम भारत संघ, 1978	जीवन का अधिकार
मिनर्वा मिल्स वाद, 1980	संविधान का मूल ढाँचा
एम. के. खान बनाम शाहबानो केस, 1985	समान नागरिक संहिता
इन्द्रा साहनी वाद, 1992	पिछड़ा वर्ग आरक्षण
एस. आर. बोम्मई बनाम भारत संघ, 1994	समान नागरिक संहिता
एम नाग राज वाद, 2006	पदोन्नति में आरक्षण
प्रकाश सिंह बादल बनाम भारत संघ, 2007	पुलिस सुधार
श्रेया सिंघला वाद, 2015	अभिव्यक्ति की स्वतन्त्रता
शायरा बानो वाद, 2015	लैंगिक समानता तथा धर्म की स्वतन्त्रता, तीन तलाक
ADR वाद, 2019	चुनावी बॉण्ड

राष्ट्रीय प्रतीक देखने के लिए QR कोड स्कैन करें